GLENCOE FRENCH ③

Bon voyage!

Conrad J. Schmitt
Katia Brillié Lutz

New York, New York   Columbus, Ohio   Chicago, Illinois

Glencoe

The *McGraw·Hill* Companies

Send all inquiries to:
Glencoe/McGraw-Hill
8787 Orion Place
Columbus, OH 43240-4027

ISBN: 978-0-07-865681-1
MHID: 0-07-865681-8

Printed in the United States of America.

15 16 MAL 14 13 12 11

Contents

Workbook

Nom _____ Date _____

Leçon 1: Culture

Vocabulaire pour la lecture

1 **Qu'est-ce que c'est?** Identifiez.

1. _____ 2. _____ 3. _____

4. _____ 5. _____ 6. _____

2 **Quel est le mot?** Complétez.

1. On a fait de la plongée _____ dans la mer.

2. Il y a beaucoup de _____ sur la plage.

3. Il y a beaucoup de skieurs. Regarde la file d'attente devant la

   _____.

4. Dans une station de sports d'hiver on peut faire du ski

   _____ ou du ski de _____.

5. Il y a beaucoup de petites ruelles dans les _____.

6. Les touristes aiment _____ dans ces rues.

7. Il y a des prix _____ pour les étudiants.

8. Chamonix! C'est un _____ fabuleux pour faire du ski
   alpin.

9. Les Français ont cinq semaines de _____.

10. L'endroit le plus _____ des Français, c'est la mer.

Lecture

 Vive les vacances! Répondez.

1. De quoi les jeunes peuvent-ils bénéficier?

_____

2. Que sont la Martinique et la Guadeloupe?

_____

_____

3. Qu'est-ce qu'on peut y faire?

_____

_____

4. Où doit-on aller si on aime faire du ski?

_____

5. Qu'est-ce qu'il y a à Québec?

_____

6. Où se trouve Tombouctou?

_____

7. Où est situé Tombouctou?

_____

8. Qu'est-ce que la France offre aux touristes?

_____

4 **Les vacances des Français** Corrigez les phrases fausses.

1. Les Français n'ont que deux semaines de congé.

_____

2. La plupart des Français passent leurs vacances à l'étranger.

_____

3. Le camping est une formule d'hébergement chère.

_____

4. La destination favorite des Français qui passent leurs vacances à l'étranger, c'est l'Italie.

_____

5. Hors de l'Europe, les Français préfèrent l'Amérique du Sud.

_____

6. Les jeunes Français voyagent moins souvent que les adultes et sont moins attirés par les destinations étrangères.

_____

_____

Structure-Révision

Le passé composé avec **avoir**: verbes réguliers

 Des vacances Récrivez au passé composé.

1. Il passe une semaine à la plage.

_____

2. Ses amis nagent dans la mer.

_____

3. Les petits enfants jouent dans le sable.

_____

4. Tu passes une semaine dans une station de sports d'hiver en février, non?

_____

5. Tu descends les pistes pour débutants?

_____

6. Tu attends longtemps devant la remontée mécanique?

_____

7. Je choisis un voyage au Canada.

_____

8. Je visite la ville de Québec.

_____

9. Je flâne dans les petites ruelles de la vieille ville.

_____

10. J'aime le Québec.

_____

6   **En famille** Complétez au passé composé.

Hier soir, nous _____ (dîner) à sept heures et demie.

On _____ (manger) un délicieux rôti de porc. Pour le

dessert, Maman _____ (servir) des éclairs au chocolat.

Après le dîner, Marcel _____ (téléphoner) à son ami. Ils

_____ (parler) de sport pendant une heure. Moi,

j'_____ (aider) ma sœur à faire ses devoirs de maths. Papa

_____ (choisir) une bonne émission de télévision. Maman

_____ (répondre) à la lettre de Tante Corinne.

7   *Au Printemps* Récrivez en commençant par «Hier».

Nathalie et Renée décident d'aller en ville. Elles passent deux heures dans le grand
magasin *Le Printemps*. Qu'est-ce qu'elles achètent? Nathalie choisit une belle robe
bleue et des chaussures blanches. Renée achète un chemisier en soie. Elles déjeunent
au snack-bar du magasin. Elles commandent une salade et du thé glacé. Renée mange
un peu de fromage, mais Nathalie ne commande pas de dessert. Après le déjeuner,
les filles quittent le magasin et marchent jusqu'au coin de la rue. Là, elles attendent
l'autobus, le 24 plus précisément.

_____

_____

_____

_____

_____

_____

_____

_____

_____

_____

_____

_____

Le passé composé avec **avoir**: verbes irréguliers

 Au cinéma Donnez des réponses personnelles.

1. Tu as pu aller au cinéma récemment?

_____

_____

2. Tu as choisi un bon film?

_____

_____

3. Tu as vu un film français?

_____

_____

4. Tu as lu les sous-titres en anglais?

_____

_____

5. Tes amis ont compris le film?

_____

_____

6. Ils ont traduit le dialogue?

_____

_____

7. Vous avez bu un coca?

_____

_____

8. Et toi, tu as pris du pop-corn?

_____

_____

9 **Un peu d'amour** Récrivez au passé composé en commençant par «L'été dernier».

Nicole fait un voyage en Allemagne. Elle rencontre un jeune Allemand, Fritz Müller. Les deux jeunes gens visitent ensemble la cathédrale et les autres monuments de Heidelberg, une très jolie ville universitaire. Après les vacances, Nicole prend l'avion pour Lyon. Fritz lui écrit une longue lettre—en français? Non, il écrit sa lettre en allemand. Nicole lit la lettre trois fois. Deux semaines plus tard, elle reçoit une autre lettre. Dans cette lettre, Fritz lui envoie des photos et un poème en allemand. Pauvre Nicole. *Danke* et *bitte*—voilà la limite de ses connaissances en allemand. Heureusement Lucien, le frère de Nicole, fait de l'allemand à l'école. Il prend le poème. Il traduit le poème pour sa sœur. Nicole répond tout de suite à la lettre de Fritz. Elle écrit sa lettre en allemand? Non, elle écrit sa lettre en français. Nicole veut garder la lettre de Fritz et elle met la lettre de Fritz dans son bureau.

_____

_____

_____

_____

_____

_____

_____

_____

_____

_____

_____

_____

_____

_____

_____

_____

_____

_____

_____

_____

Leçon 2: Conversation

Vocabulaire pour la conversation

1 **C'est logique ou pas?** Indiquez oui ou non.

1. _____ Il y a presque toujours une station de taxis devant le terminal d'un aéroport.

2. _____ Il a raté son vol parce qu'il est arrivé très tôt à l'aéroport.

3. _____ Il y a un embouteillage et la circulation roule bien.

4. _____ Pour valider un billet de train, il faut le composter avant d'entrer sur le quai.

5. _____ Si l'orage qu'on prévoit arrive, il y aura des retards à l'aéroport.

6. _____ Quand une facture arrive, il faut payer la moitié du montant indiqué sur la facture.

2 **La circulation** Faites une phrase avec les mots suivants.

1. bouger

_____

2. se déplacer

_____

3. pressé(e)

_____

Conversation

3 **Mise en scène** Répondez.

1. Qu'est-ce qui est la première cause de la pollution?

_____

2. Il y a beaucoup d'embouteillages où?

_____

_____

3. Qu'est-ce que les municipalités essaient de développer?

_____

_____

4. Qu'est-ce que les grandes villes comme Paris et Lyon ont?

_____

5. Qu'est-ce que les villes plus petites ont mis en service?

_____

6. Comment est le service ferroviaire en France?

_____

7. Beaucoup de Français ont abandonné leur voiture sur les longs parcours. Alors, comment se déplacent-ils?

_____

8. Que sont les «navettes»?

_____

_____

4 **Un voyage d'affaires** Complétez.

1. M. Dubois croit qu'il a raté son vol pour Bordeaux parce qu'il y avait _____

_____.

2. Il n'a pas raté son vol parce qu'_____

_____.

3. Et pour le prochain vol on prévoit _____.

4. Les avions ne peuvent pas atterrir à Bordeaux parce qu'_____

_____.

5. M. Dubois peut trouver un taxi _____.

6. Il va à la gare _____.

7. Il a de la chance parce qu'à cette heure _____.

8. Au guichet il prend un billet _____.

_____.

Structure-Révision

Le passé composé avec être

5 **Hier soir** Complétez au passé composé.

1. Hier soir je _____. (sortir)

2. Mes amis et moi, nous _____ voir un film. (aller)

3. Je _____ au cinéma à six heures et demie et mes amis

   _____ à sept heures moins le quart. (arriver, arriver)

4. Nous _____ dans le cinéma. (entrer)

5. Dans le film quelqu'un _____ très malade. (tomber)

6. Malheureusement il _____ le jour où son petit-fils

   _____. Quelle triste histoire! (mourir, naître)

7. Nous _____ du cinéma à huit heures quarante. (sortir)

8. Je _____ chez moi à neuf heures trente. (rentrer)

6 **Au passé** Récrivez au passé composé.

1. Il va à l'aéroport.

   _____

2. Il arrive en retard à l'aéroport.

   _____

3. Il rate son vol.

   _____

4. Il sort de l'aérogare.

   _____

5. Il prend un taxi.

   _____

6. Il va à la gare.

   _____

7. Il part à huit heures trente.

   _____

8. Il arrive à Bordeaux deux heures et demie plus tard.

   _____

Nom _____ Date _____

Le passé composé avec **être** ou **avoir**

 Il y a beaucoup d'activité. Faites des phrases avec les mots donnés. Utilisez le passé composé.

1. Je / descendre tout de suite

   _____

2. Je / descendre l'escalier

   _____

3. Jean / sortir

   _____

4. Jean / sortir de l'argent de sa poche

   _____

5. Elle / monter jusqu'en haut de la tour

   _____

6. Elle / monter l'escalier

   _____

7. Nous / monter dans notre chambre

   _____

8. Nous / monter nos bagages

   _____

Leçon 3: Journalisme

Vocabulaire pour la lecture

La météo

1 **Le temps** Complétez.

1. Le _____ brille et il fait _____.

2. Il y a des nuages. Le ciel est _____ mais pas complètement

   _____.

3. Je crois que j'ai senti une _____ de pluie.

4. Tu as raison. Il _____.

5. Il fait de l'orage. J'ai entendu des coups de _____ et j'ai vu des

   _____.

6. Le vent _____ très fort.

7. Il y a des nuages mais de temps en temps le ciel se _____ et il y a

   des _____.

8. Une _____ est un coup de vent violent mais de très courte durée.

9–11. Une _____, c'est beaucoup de pluie en très peu de temps. La

   _____, c'est une petite pluie fine. Et la _____, c'est

   un peu d'humidité dans l'air mais ça ne forme pas de gouttes.

Lecture

2 **Avant la lecture** Répondez.

1. Le mauvais temps peut créer quels problèmes?

   _____

2. Pourquoi les voyageurs veulent-ils qu'il n'y ait pas de tempêtes?

   _____

3. Quand les gens ont-ils le sourire?

   _____

   _____

3 **Mer du Nord-Manche** Indiquez oui ou non.

1. _____ Il y aura des nuages pendant toute la journée.

2. _____ Il est possible qu'il y ait des averses.

3. _____ Il va pleuvoir très fort. Les pluies seront abondantes.

4. _____ Il fera du vent.

4 **Nord-Est** Décrivez le temps qu'il fera dans le Nord-Est.

_____

_____

_____

_____

_____

_____

_____

5 **Méditerranée-Corse** Répondez.

1. Il y aura beaucoup de soleil?

_____

2. Il y aura beaucoup de nuages?

_____

3. Les vents seront très forts?

_____

4. Les températures seront un peu plus basses que d'ordinaire?

_____

Vocabulaire pour la lecture

La Tunisie

6 **Qu'est-ce que c'est?** Complétez.

1. C'est l'_____ qui organise toutes les activités.

2. Il faut avoir un arc et des flèches pour faire du _____.

3. Ils ont beaucoup travaillé et ils cherchent un peu de _____.

4. Le _____ comprend tout sauf les dépenses d'ordre personnel.

Lecture

7 **Avant la lecture** Répondez.

1. Quel est le nom que les Arabes donnent aux trois pays francophones de l'Afrique du Nord?

   _____

2. Quels sont ces trois pays?

   _____

3. Est-ce que les Français aiment y aller?

   _____

4. Comment est le climat de la Tunisie?

   _____

5. Quel temps fait-il sur les régions côtières?

   _____

   _____

8 **La Tunisie** Donnez les renseignements suivants.

1. le nom de l'hôtel

   _____

2. le prix minimum pour demi-pension

   _____

3. ce que les prix comprennent

   _____

4. ce dont les chambres disposent

   _____

   _____

5. comment sont servis les repas compris dans le forfait

   _____

Structure avancée

Le subjonctif: verbes réguliers

9 **Vous et moi** Complétez.

1. Il faut que je _____ et il faut également que vous

   _____. (parler)

2. Il faut que je _____ et il faut également que vous

   _____. (finir)

3. Il faut que j'_____ et il faut également que vous

   _____. (attendre)

4. Il faut que je _____ et il faut également que vous

   _____. (partir)

5. Il faut que je le _____ et il faut également que vous le

   _____. (mettre)

6. Il faut que je lui _____ et il faut également que vous lui

   _____. (écrire)

7. Il faut que je le _____ et il faut également que vous le

   _____. (dire)

Le subjonctif: verbes irréguliers

10 **Qu'est-ce qu'il veut?** Complétez.

1. Il veut que je _____ là. (être)

2. Il veut que tu _____ beaucoup de succès. (avoir)

3. Il veut que tu le _____. (faire)

4. Il veut que j'y _____ et il veut que vous y _____
aussi. (aller)

5. Il veut que tu le _____. (savoir)

11 **Pendant les vacances** Écrivez cinq choses que vous voulez que vos amis fassent
pendant leurs vacances.

1. _____

2. _____

3. _____

4. _____

5. _____

12 **Mes parents le veulent.** Écrivez cinq choses que vos parents veulent que vous
fassiez.

1. _____

2. _____

3. _____

4. _____

5. _____

Le subjonctif avec les expressions de nécessité et de possibilité

13 **C'est quelle forme?** Complétez.

1. Il est important que tu le _____. (savoir)

2. Il est important que vous _____ le voir. (pouvoir)

3. Il se peut qu'elles ne _____ pas y aller. (vouloir)

4. Il est possible qu'il y _____ un orage. (avoir)

5. Il vaut mieux que tout le monde _____ content. (être)

6. Il est possible que le vol ne _____ pas. (partir)

14 **Il le faut!** Écrivez tout ce qu'il faut que vous fassiez aujourd'hui.

_____

_____

_____

_____

_____

_____

_____

_____

Leçon 1: Culture

Vocabulaire pour la lecture

1 **Les loisirs** Utilisez chacun des mots suivants dans une phrase.

1. l'argent de poche

_____

2. une bande dessinée

_____

3. une console de jeux vidéo

_____

4. les informations

_____

5. télécharger

_____

6. dépenser

_____

7. s'entendre bien

_____

8. être accro de

_____

2 **Quel est le mot?** Complétez.

1. Nous aimons les mêmes choses. Nous avons les mêmes _____.

2. Il a essayé de me persuader mais malheureusement pour lui il ne m'a pas

   _____.

3. Les enfants doivent apprendre à _____ ce qu'ils ont avec les autres.

4. Jean n'est pas content. Il se _____.

5. Ils pensent de la même façon. Ils _____ bien.

6. J'étais vraiment _____. Je pensais qu'ils auraient mieux fait.

7. Ses _____ favorites sont: aller au cinéma, manger au restaurant et aller en boîte.

8. Je ne peux pas supporter les _____. Il faut que tu me dises la vérité.

Lecture

3 **Jeunes, qui êtes-vous?** Répondez.

1. Les jeunes français de quinze à vingt ans forment quel pourcentage de la population actuelle?

   _____

2. Que fait la majorité des jeunes?

   _____

3. De combien d'argent les jeunes de quinze à dix-sept ans disposent-ils par mois?

   _____

4. D'où vient leur argent de poche?

   _____

5. En quoi les jeunes dépensent-ils leur argent?

   _____

6. Ce sont les garçons ou les filles qui sont les plus accros des marques?

   _____

4 **Les loisirs des jeunes** Faites une liste des loisirs favoris des jeunes.

_____

_____

_____

_____

_____

5 **Les rapports** Corrigez les phrases fausses.

1. Les jeunes Français ne se disputent jamais avec leurs parents.

   _____

2. D'après les jeunes, leurs parents font toujours attention à ce qu'ils disent.

   _____

3. D'une façon générale, les jeunes s'entendent bien avec leurs parents.

_____

4. Les parents d'aujourd'hui sont en général peu tolérants et ne laissent pas d'autonomie à leurs enfants.

_____

_____

5. Les jeunes accordent beaucoup d'importance à l'honnêteté.

_____

6. Les jeunes Français n'aiment pas se confier à leurs amis.

_____

_____

Structure-Révision

L'interrogation

6 **Des questions** Posez la question correspondante aux phrases suivantes de trois façons différentes.

1. Vous aimez le sport.

_____

_____

_____

2. Ces filles vont jouer au tennis.

_____

_____

_____

7 **Les Ben Omar** Posez la même question en utilisant l'inversion.

1. Vous connaissez les Ben Omar?

_____

2. Ils ont combien d'enfants?

_____

3. Le fils aîné a quel âge?

_____

4. Tous les enfants sont scolarisés?

_____

5. Ils habitent où?

_____

6. M. et Mme Ben Omar sont venus d'Algérie?

_____

7. Ils sont arrivés en France en quelle année?

_____

8 **On va à Lyon.** Posez les questions qui correspondent aux mots en italique. Utilisez l'inversion.

1. Eloïse vient *de Québec.* _____

2. Elle va *à Lyon.* _____

3. Elle part de Paris *demain matin.* _____

4. Elle prend *le TGV.* _____

5. Elle va à Lyon *pour faire des études de médecine.* _____

_____

9 **Plus de questions** Quelles questions poseriez-vous à un(e) jeune Français(e) qui viendrait passer un an dans votre école?

1. _____

2. _____

3. _____

4. _____

5. _____

6. _____

Leçon 2: Conversation

Vocabulaire pour la conversation

1 **Un autre mot** Exprimez d'une autre façon.

1. —Où sont les cols roulés?

—Les cols roulés, *il n'y en a plus.*

_____

_____

2. *Dans le passé* il n'y avait pas de centres commerciaux.

_____

3. *J'aime ça.*

_____

4. Excusez-moi. Je ne veux pas vous *troubler*, mais...

_____

5. Je sais bien que tu l'as fait *intentionnellement*. Tu savais exactement ce que tu faisais.

_____

_____

6. Je vais le *conserver pour moi.* Je ne vais le donner à personne.

_____

7. Les vêtements chic. Franchement, *je n'aime pas ça.*

_____

8. J'aime mieux *mettre mon argent de côté* pour aller aux sports d'hiver.

_____

Conversation

2 **Le marketing** Claire dit que le marketing manipule les clients. Expliquez comment. Vous êtes d'accord ou pas?

_____

_____

_____

_____

_____

_____

_____

Structure-Révision

Les expressions négatives

3 **Que voyez-vous?** Répondez négativement en utilisant **ne... rien** ou **ne... personne.**

1. Qu'est-ce que vous voyez? _____

2. Qui voyez-vous? _____

3. Qui attendez-vous? _____

4. Que cherchez-vous? _____

5. Qui aimez-vous? _____

6. Qu'est-ce que vous avez fait? _____

7. Qu'est-ce que vous avez dit? _____

8. Qui a-t-il applaudi? _____

9. Qu'est-ce qu'elles ont organisé? _____

10. Qu'est-ce que vous avez choisi? _____

4 **Trois fois rien!** Répondez négativement en utilisant les expressions indiquées.

   1. Tu entends le téléphone? (rien)

   _____

   2. À qui parles-tu? (personne)

   _____

   3. Elle attend toujours son ami? (plus)

   _____

   4. Elle part déjà? (pas encore)

   _____

   5. Il est charmant? (pas du tout)

   _____

   6. Vous allez souvent au concert? (jamais)

   _____

   7. Vous aimez le rock ou le jazz? (ni... ni)

   _____

   8. Tu manges des œufs? (jamais)

   _____

   9. Tu as des amis? (aucun)

   _____

   10. Tu as des amies? (aucune)

   _____

5 **Elle n'aime plus rien.** Donnez le contraire.

   1. Elle aime tout le monde. _____

   2. Vous applaudissez toujours. _____

   3. Nous y allons tous les jours. _____

   4. Ils parlent toujours ce dialecte. _____

   5. Annette fait toujours du sport. _____

   6. Elles vont souvent au musée. _____

   7. Ils jouent souvent au foot. _____

   8. Il voyage encore après l'accident. _____

6 **C'est votre tour.** Écrivez une question en utilisant chacune des expressions suivantes. Ensuite répondez négativement à la question.

1. déjà _____

_____

2. quelquefois _____

_____

3. toujours _____

_____

4. souvent _____

_____

L'imparfait

7 **Quand j'avais treize ans.** Répondez.

1. Tu allais à quelle école quand tu avais treize ans?

_____

2. Tu faisais du français?

_____

3. Les élèves parlaient toujours français en classe?

_____

4. Le professeur parlait toujours français?

_____

5. Tu comprenais tout ce que le professeur te disait?

_____

6. Et tes copains comprenaient tout ce que le professeur leur disait?

_____

7. Vous chantiez des chansons françaises en classe?

_____

8. Vous voyiez des films français de temps en temps?

_____

9. Tu comprenais facilement les films?

_____

Leçon 3: Journalisme

Vocabulaire pour la lecture

Parlez-vous le djeun's?

1 **Une définition?** Répondez.

1. Qu'est-ce qu'une cité? _____

_____

2. Qu'est-ce qu'un costume? _____

_____

3. Que veut dire «comme d'habitude»? _____

4. Que veut dire «nuire»? _____

2 **Des phrases** Utilisez chacun des mots suivants dans une phrase.

1. la honte

_____

2. un pote

_____

3. se déguiser

_____

4. vouloir dire

_____

5. se tromper

_____

Lecture

 3 **Le djeun's** Exprimez d'une autre façon.

1. Chloé, je fais *une fête* samedi.

_____

2. Il y aura *de la musique, des disques.*

_____

3. *Je suis ravi(e).*

_____

4. Qu'est-ce qu'il est *mignon!*

_____

5. Elle est *formidable, la fille.*

_____

6. Tes *parents*, mais c'est ta *vie.*

_____

7. Leur demander, c'est la *honte.*

_____

8. Il y aura plein de *beaux garçons.*

_____

9. On va *bien s'amuser.*

_____

10. *D'accord. Je t'envoie un message écrit.*

_____

4 **Mes opinions** Donnez votre opinion sur le djeun's.

_____

_____

_____

_____

_____

Vocabulaire pour la lecture

Garçons-Filles

 Quel est le mot? Exprimez d'une autre façon.

1. Il veut être *professeur dans une école primaire.*

_____

2. *Je voudrais* être pompier.

_____

3. Ils se partagent *la cuisine, les courses, etc.*

_____

4. Il essaie de *se sortir d'une mauvaise situation*, mais ce n'est pas facile.

_____

5. C'est lui qui *a préparé le repas.*

_____

6. Il cherche *un travail.*

_____

7. Elle s'ennuie *quelquefois* en classe.

_____

Lecture

 C'est faux! Toutes les phrases suivantes sont fausses. Corrigez-les.

1. Pour les jeunes, l'égalité entre hommes et femmes, ça n'existe pas.

_____

_____

2. Ce sont les filles qui sont indignées par les différences de salaires et autres discriminations.

_____

_____

3. Les jeunes luttent toujours contre ces injustices d'une façon plus forte que dans les années 70.

_____

_____

7 **Un témoignage** Choisissez le témoignage de l'une des personnes interviewées pour cet article et faites-en un résumé.

_____

_____

_____

_____

_____

8 **Mes opinions** Donnez vos réactions ou opinions sur le témoignage de cette personne.

_____

_____

_____

_____

_____

9 **L'égalité** Croyez-vous que l'égalité entre les hommes et les femmes, ça existe vraiment dans la société actuelle? Justifiez votre réponse.

_____

_____

_____

_____

Structure avancée

Le subjonctif après les verbes de volonté

10 **Pendant les vacances** Écrivez cinq choses que vous voulez que vos amis fassent pendant leurs vacances.

1. _____
2. _____
3. _____
4. _____
5. _____

11 **Mes parents le veulent.** Écrivez cinq choses que vos parents veulent que vous fassiez.

1. _____
2. _____
3. _____
4. _____
5. _____

12 **Ce que je veux.** Donnez des réponses personnelles.

1. J'ai envie que tu _____.
2. Franchement je préfère que tu _____.
3. Je sais que tu souhaites que je _____.
4. Tout le monde exige que je _____.
5. Mais j'insiste pour que tu _____.

Le subjonctif ou l'infinitif

13 **Qui le fait?** Complétez.

1. Mes parents veulent que je le _____, mais moi je ne veux pas le

   _____. (faire, faire)

2. Il préfère que nous _____, mais je préfère _____

   à la maison. (sortir, rester)

3. J'aime mieux _____ et il aime mieux _____.

   (lire, écrire)

4. Le prof veut que j'_____ plus et que Jérémy _____

   plus. (écrire, lire)

5. Il faut _____ pour réussir. (travailler)

D'autres verbes au présent du subjonctif

14 **Ce qu'il faut faire.** Complétez.

1. recevoir de bonnes notes

   Il faut que je _____.

   Il faut que nous _____.

2. apprendre le français

   Les professeurs veulent que j'_____.

   Les professeurs veulent que nous _____.

3. venir de bonne heure

   Caroline veut que je _____.

   Caroline veut que nous _____.

4. appeler Paul

   Il faut que j'_____.

   Il faut que nous _____.

5. acheter des cadeaux

   Elle préfère que j'_____.

   Elle préfère que nous _____.

6. voir l'émission

   Il veut que tu _____.

   Il veut que nous _____.

Argent Êtes-vous dépendant?

Test

1 *Votre meilleur(e) ami(e) vous demande de lui prêter 10€...*
- ● Impossible! Vous avez un découvert [*overdraft*] de 50€ sur votre compte.
- ◆ Vous les lui prêtez sans être certain(e) de vous en souvenir.
- ■ Vous notez l'opération sur votre agenda, à la date à laquelle vous réclamerez votre dû.

2 *Vous voyez les baskets de votre vie...*
- ■ Vous vous les offrez, mais leur prix vous fait mal au ventre.
- ◆ C'est un peu cher, mais vous les avez bien méritées, après tout.
- ● Vous seriez prêt(e) à les payer le double.

3 *En général, l'approche de Noël vous enchante parce que...*
- ◆ Vous aurez pleins de cadeaux rigolos et inutiles.
- ● Vous allez gâter [*spoil*] vos parents et amis.
- ■ Vous allez avoir un bon petit paquet de fric.

4 *Midi, l'heure du sandwich...*
- ◆ Vous prenez celui qui vous fait envie.
- ■ Vous prenez le moins cher, même si c'est le moins bon.
- ● Vous préférez la pizzeria.

5 *Votre avis sur votre camarade Fabien dont le père est millionnaire...*
- ● Son budget illimité vous fait rêver.
- ■ Pour sa piscine et son court de tennis, vous seriez (presque) prêt(e) à tout.
- ◆ À trente ans, il vivra toujours sur les économies de papa-maman?

6 *Vous devez fêter l'anniversaire d'une copine dans un super restaurant...*
- ■ Resto + cadeau! C'est un peu cher tout ça! Vous n'allez pas à la fête.
- ● Pour faire la fête, rien ne vous arrête!
- ◆ Vous choisirez un plat bon marché dans la carte.

7 *Pour vous, qu'est-ce qui est le plus important dans le choix d'un métier?*
- ■ Le salaire.
- ● L'intérêt qu'on y trouve.
- ◆ Un peu des deux.

8 *Les questions que vous posez quand on vous propose de sortir...*
- ◆ Qui d'autre est invité?
- ■ Quel sera le budget de la soirée?
- ● Fera-t-on la tournée des cafés branchés [*in*]?

Résultats

Une majorité de ■
Argent trop cher!

L'argent fait partie de vos préoccupations majeures. C'est bien compréhensible si vos parents ne vous aident pas beaucoup et que vous avez du mal à suivre des copains qui ont plus d'argent que vous. Mais si votre budget est, à quelques centimes près, celui de vos amis alors le fric a sans doute pris une place un peu trop importante dans votre vie. Devenu une fin au lieu d'être un simple moyen, symbole de puissance, il finit par gâcher [*spoil*] tous vos instants de plaisir (excepté ceux qui sont gratuits). Et si vous essayiez d'en profiter un peu?

Une majorité de ●
Le Fric, c'est chic.

Pour vous, l'argent est un moyen de se faire plaisir, et pour vous faire plaisir, vous n'hésitez pas! Fringues, cadeaux, sorties, vous ouvrez très facilement votre portefeuille, sans toujours regarder l'addition. Vous entretenez ainsi une réputation de généreux(euse). Si vous avez la ferme intention de profiter de votre argent durement gagné, faites quand même attention aux découverts vertigineux ou aux «amis» intéressés! Si c'est le fric de papa-maman que vous dépensez aussi généreusement, dans ce cas, attendons de voir ce que vous ferez de vos propres revenus...

Une majorité de ◆
L'argent ne fait pas le bonheur.

L'argent est une contrainte avec laquelle vous avez appris à composer. Sans fascination ni obsession pour le fric, vous gérez vos économies de façon plutôt réaliste, sans excès mais sans drames non plus. En général, vous arrivez à vous faire plaisir sans avoir de grands découverts et vous profitez des plaisirs de l'argent tout en connaissant leur prix. Cette disposition est un luxe et vous n'avez probablement pas souvent été confronté(e) à de grosses difficultés financières. Continuez à garder en tête la valeur et le prix des choses.

PHOSPHORE . Février 2004 . 52

15 **Argent: Êtes-vous dépendant?** Faites le test et écrivez à quelle catégorie vous appartenez.

———————————————————————————————————————

———————————————————————————————————————

———————————————————————————————————————

———————————————————————————————————————

16 **D'accord ou pas d'accord?** Dites si vous êtes d'accord ou pas d'accord avec le résultat de ce test. Expliquez en donnant des exemples précis.

———————————————————————————————————————

———————————————————————————————————————

———————————————————————————————————————

———————————————————————————————————————

Leçon 1: Culture

Vocabulaire pour la lecture

 Répondez d'après le dessin.

1. Qu'est-ce qu'il fait?

_____

_____

2. Qu'est-ce qu'il aime faire en hiver?

_____

_____

3. Qu'est-ce qu'elle écoute?

_____

_____

4. Qu'est-ce qu'il aime faire le week-end?

_____

_____

2 Répondez personnellement.

    1. Tu as beaucoup de dépenses?

    _____

    2. Tes parents te donnent une récompense si tu fais quelque chose de bien?

    _____

    3. Tu as beaucoup de temps pour le repos et la détente?

    _____

    4. Tu consacres combien de temps par semaine à la pratique d'un sport?

    _____

    5. Tu fais de la raquette, du ski alpin, du ski de fond ou du surf des neiges?

    _____

Lecture

3 Relisez la page 123 de votre livre et faites une liste de tous les sports qui y sont mentionnés.

_____

_____

_____

_____

_____

4 Répondez.

    1. Comment les Français voient-ils le sport?

    _____

    _____

    2. Pourquoi les sports d'hiver ne sont-ils pratiqués que par dix pour cent des Français?

    _____

    _____

    3. Que veut dire l'expression «sportifs en chambre»?

    _____

    _____

4. Pourquoi les Français commencent-ils à aller plus fréquemment au cinéma?

_____

_____

5. Pourquoi l'écoute de la musique est-elle en hausse chez tous les Français?

_____

_____

_____

6. Qu'est-ce qui se passe le troisième week-end de septembre dans toute la France?

_____

_____

7. Que représente le café pour les Français?

_____

_____

Structure–Révision

L'imparfait et le passé composé

5 **Un voisin arrive** Complétez au passé.

Le téléphone _____ (sonner) pendant que je

_____ (dîner). Paul _____

(arriver) pendant que je _____ (parler). Le bébé

_____ (commencer) à pleurer et le chien

_____ (aboyer): «Wouah wouah!» Moi,

j'_____ (crier): «Parle plus fort, s'il te plaît!» Je ne

_____ (pouvoir) pas entendre avec tout ce bruit. Tout

d'un coup, quelqu'un _____ (frapper) à la porte.

C'_____ (être) mon voisin. Il _____

(vouloir) savoir ce qui _____ (se passer) chez moi.

6 **Henri IV** Récrivez au passé.

Henri IV naît au château de Pau, dans les Pyrénées. Il y passe son enfance. Henri
devient roi de France en 1589 à la mort de son cousin Henri III. Mais il est protestant et
la plupart des Français sont catholiques. Ils ne veulent pas obéir à un roi protestant.
Henri décide de leur faire la guerre. En 1590 il y a une grande bataille entre le roi Henri
et le chef des catholiques, le duc de Mayenne. Henri lance l'attaque à la tête de sa petite
troupe. En une heure il gagne la bataille. L'armée victorieuse crie: «Vive le roi!» Henri
IV pardonne à tous ses ennemis et il rend la paix au royaume. Henri IV se fait
catholique, mais il permet aux protestants de garder leur religion.

_____

_____

_____

_____

_____

_____

_____

_____

_____

_____

_____

_____

7 **Le temps libre** Complétez au passé.

Il y a cinquante ans, les Français n'_____ (avoir) pas

beaucoup de temps libre. Ils _____ (travailler) souvent

six jours par semaine et quand ils _____ (rentrer) chez

eux, ils _____ (être) fatigués et ils ne

_____ (sortir) pas souvent. Mais tout cela

_____ (changer). Maintenant les Français travaillent

moins d'heures par semaine et le temps libre ne cesse pas d'augmenter. C'est

surtout la télévision qui en _____ (profiter), mais aussi

les sports et les spectacles.

Leçon 2: Conversation

Vocabulaire pour la conversation

1 **Au théâtre** Complétez en utilisant les mots suivants. Faites tous les changements nécessaires.

génial	décor	l'orchestre	comédien
tragédie	pièce	amusant	pleurer
costume	place	troupe	

Les _____ jouent *Le Bourgeois gentilhomme*. C'est une

_____ de Molière, un écrivain célèbre du dix-septième

siècle. *Le Bourgeois gentilhomme* est une comédie, pas une

_____. Elle est très _____.

Au théâtre les _____ de la galerie coûtent moins cher

que les places de _____, qui sont les plus chères.

On dit que la _____ qui présente cette version du

Bourgeois gentilhomme est _____, vraiment extraordinaire.

Les acteurs et les actrices sont habillés en _____ de

l'époque de Molière, et le _____ est superbe.

Pendant une comédie, les spectateurs ne _____ pas mais

ils rient souvent.

2 **Un théâtre ou un cinéma** Décrivez un théâtre ou un cinéma près de chez vous.

_____

_____

_____

_____

_____

_____

_____

Conversation

3 **Au théâtre** Résumez ce que Corinne a fait pour faire une surprise à Bernard. Indiquez aussi ce que les deux pensent de la représentation.

_____

_____

_____

_____

_____

_____

_____

_____

_____

_____

Structure-Révision

Le comparatif et le superlatif

4 **Le cours de français** Répondez.

1. Qui est le plus grand (la plus grande) de la classe? _____

2. Qui est la plus jolie? _____

3. Qui est le plus beau? _____

4. Qui a les cheveux les plus longs? _____

5. Qui reçoit les meilleures notes? _____

6. Qui est plus intelligent que vous? _____

7. Qui est plus jeune que vous? _____

8. Qui chante mieux que vous? _____

9. Qui court le plus vite? _____

10. Qui saute (*jumps*) le plus haut? _____

11. Qui danse le mieux? _____

12. Qui a le plus de CD? _____

5 **Trois sportifs** Lisez et ensuite complétez.

Est-ce que les Français sont sportifs? On dit souvent qu'ils sont moins sportifs que les Russes, les Allemands et les Américains. Mais comme toujours, il y a des exceptions. Mon frère Victor, ma sœur Julie et moi, nous sommes beaucoup plus fanas de sport que nos copains. Julie, la plus jeune, adore la natation. Elle nage plus vite que Victor et moi. Victor fait du saut à la perche (*pole vaulting*). C'est lui qui saute le plus haut et le plus loin de toute l'équipe. Quant à moi, je suis le meilleur en course à pied!

1. Les Français sont _____ les Américains.

2. Les Allemands sont _____ les Français.

3. Julie, Victor et Marcel sont _____ leurs copains.

4. Julie est _____ Victor et Marcel.

5. Julie est la _____ trois jeunes gens.

6. Elle nage _____ Victor et Marcel.

7. C'est Victor qui saute le _____ de toute l'équipe.

8. Marcel est _____ en course à pied.

6 **Des comparaisons** Formez des phrases avec le comparatif ou le superlatif. Employez: **plus, moins, aussi, autant, meilleur, mieux.**

1. la France / grand / la Belgique

_____

2. l'Algérie / industrialisé / le Japon

_____

3. Jean / nager / bien / Paul

_____

4. les voitures françaises / bon / les voitures américaines

_____

_____

5. je / amis / toi

_____

6. la rue / court / le village

_____

Leçon 3: Journalisme

Vocabulaire pour la lecture

Les Native

1 **Deux chanteuses** Récrivez d'une autre façon ce qui est en italique.

1. Elles ont *un objectif* qu'elles veulent réaliser.

_____

2. Ces deux choristes ne sont pas *timides*.

_____

3. *De temps en temps* elles voyagent ensemble.

_____

4. Elles *se comprennent* bien.

_____

5. Elles ont chanté dans *plusieurs* pays.

_____

2 **Définitions** Donnez les mots qui sont définis.

1. la fin qu'on veut atteindre _____

2. quelquefois _____

3. une personne qui chante «derrière» le chanteur ou la chanteuse vedette

_____

4. faire un disque _____

Lecture

3 **Les Native** Vrai ou faux?

1. _____ Autrefois les filles musiciennes trouvaient facilement du travail.

2. _____ Pour Chris, chanter était un loisir, une passion.

3. _____ Il y a beaucoup de musiciens dans la famille des deux sœurs.

4. _____ Le premier album des Native a eu du succès aux États-Unis et au Japon.

5. _____ Les filles sont toutes les deux retenues.

4 **L'interview** Répondez.

1. Quelles sortes de musique est-ce que les filles ont rencontré tout au long de leur parcours?

_____

_____

2. Où est-ce que les sœurs ont appris le piano et le chant classique?

_____

_____

3. Quel travail faisaient-elles avant d'enregistrer leur premier album?

_____

_____

4. Est-ce qu'il y a de la rivalité ou de la jalousie entre les deux sœurs?

_____

_____

5. Est-ce que les filles ont des personnalités semblables?

_____

_____

5 **Leur rêve** Expliquez.

1. un grand rêve des Native

_____

_____

2. ce qu'est une chanson pour les Native

_____

_____

Vocabulaire pour la lecture

Loisirs utiles

6 **Qu'est-ce qu'ils font?** Écrivez une phrase qui décrit chaque dessin.

1. _____   2. _____

3. _____

7 **Quel est le mot?** Complétez.

1. L'eau qu'on sort de ce _____ est très froide.

2. Ces travailleurs ont une très bonne _____.

3. Lui, il ne reçoit pas d'argent pour ce qu'il fait. Il est _____.

4. Quel est le _____ de la facture? Je te dois combien?

5. Les _____ ont beaucoup d'arbres.

6. Un _____ fait du camping.

8 **Le bon mot** Choisissez.

1. _____ la somme   **a.** rude

2. _____ brutal   **b.** le montant

3. _____ volontaire   **c.** une pierre

4. _____ un petit rocher   **d.** bénévole

Lecture

 **Loisirs utiles** Décrivez le travail qu'on fait.

1. les chantiers bénévoles

_____

_____

_____

2. un(e) au pair

_____

_____

_____

3. un job/stage

_____

_____

_____

10 **Au camping** Pourquoi l'article dit-il, «Mais attention, ne plantez pas votre tente n'importe où» quand on fait du camping?

_____

_____

_____

Structure avancée

Le subjonctif après les expressions d'émotion

11 **Quelle joie!** Complétez.

1. Je suis content(e) que tu _____

_____

2. _____

_____

3. _____

_____

4. _____

_____

5. _____

_____

12 **Quelle tristesse!** Complétez.

1. Elle est désolée que je _____

_____

2. _____

_____

3. _____

_____

4. _____

_____

5. _____

_____

13 **Quelle surprise!** Complétez.

1. Ils sont étonnés que nous _____

_____

2. _____

_____

3. _____

_____

4. _____

_____

5. _____

_____

14 **Quel ennui!** Complétez.

1. Je suis vraiment fâché(e) que vous _____

_____

2. _____

_____

3. _____

_____

4. _____

_____

15 **Quel dommage!** Complétez.

1. C'est dommage qu'ils _____

_____

2. _____

_____

3. _____

_____

4. _____

_____

Le subjonctif dans les propositions relatives et après le superlatif

16 **Mon métier** Complétez.

1. C'est le seul travail que je _____ faire et que je

_____ faire. (savoir, pouvoir)

2. Ce n'est pas exact ce que tu dis. C'est le seul travail que tu

_____ bien faire. (vouloir)

3. Tu as peut-être raison. Mais je sais que c'est le seul travail qui me

_____. Et je sais qu'il n'y a personne qui le

_____ mieux que moi. (plaire, faire)

4. Et je dirais que tu es la seule personne au monde qui

_____ aussi peu modeste. (être)

17 **Au bureau** Écrivez des phrases originales introduites par...

1. Je cherche

_____

2. J'ai besoin

_____

3. Je connais

_____

4. J'ai un(e) ami(e) qui

_____

5. Je voudrais un(e) ami(e) qui

_____

Le passé du subjonctif

18 **Arrivées et départs** Complétez selon le modèle.
arriver hier ⟶
Nous sommes contents qu'ils soient arrivés hier.

1. venir en avion

_____

2. faire un bon voyage

_____

3. décider de nous rendre visite

_____

19 **À l'aéroport** Complétez selon le modèle.
partir ⟶
Je suis surpris(e) qu'elle soit partie.

1. trouver un taxi sans problème

_____

2. arriver à l'heure à l'aéroport

_____

3. ne pas avoir de problèmes

_____

●●●●●
Le Château dans le ciel
de Hayao Miyazaki
Japon – 2h04 – animation – VF – couleur

Inspiré des «Voyages de Gulliver», *Le Château dans le ciel* raconte la quête d'identité de Shiita, une petite fille détentrice d'une précieuse pierre magique. Pazu, un garçonnet malin, lui prête main forte pour affronter, à bord de machines volantes extraordinaires, une brochette pittoresque de pirates de l'air et une armée mystérieuse, à la solde du machiavélique Muska. Leurs aventures les conduiront jusqu'à Laputa, une île flottante assez semblable à celle décrite par Jonathan Swift. Premier film du maître de l'animation japonaise, Hayao Miyazaki *(Princesse Mononoké, Le Voyage de Chihiro)* : de la prose poétique, une œuvre d'art alliant intelligence, vitesse et beauté. Magique !

20 **Le Château dans le ciel** Répondez.

1. C'est quel genre de film?

_____

2. Il vient de quel pays?

_____

3. Qui sont les personnages principaux?

_____

4. Où leurs aventures les conduisent-elles?

_____

5. De quel livre ce film s'inspire-t-il?

_____

• • • • •
L'Enfant qui voulait être un ours
de Jannick Hastrup
France / Danemark – 1 h 18 – animation – VF – couleur

Un nourrisson esquimau est enlevé par un ours blanc, qui voulait ainsi consoler sa compagne de la perte de son bébé. Durant de longues années, l'enfant sera élevé en tous points comme un ours, jusqu'à ce que son père naturel le retrouve. De retour parmi les hommes, il est malheureux. Incapable de s'adapter à sa nouvelle vie, le garçon n'aura de cesse de redevenir un ours. Un vrai cette fois, grâce à l'intervention de l'esprit de la montagne...

Dans la lignée du *Livre de la jungle* et de *Kirikou et la sorcière*, ce dessin animé franco-danois, au graphisme d'une rare élégance, est une belle initiation à la pensée animiste des peuples du Grand Nord.

21 **L'enfant qui voulait être un ours** Répondez.

1. C'est quel genre de film?

_____

2. C'est une coproduction entre quels pays?

_____

3. Pourquoi l'ours blanc enlève-t-il le bébé esquimau?

_____

4. Pourquoi le petit esquimau est-il malheureux quand il revient chez les hommes?

_____

5. Comment croyez-vous que l'histoire finit?

_____

_____

22 **Votre choix** D'après les deux critiques, quel est le film qui vous intéresse le plus? Justifiez votre choix en donnant des exemples précis.

_____

_____

_____

_____

_____

Leçon 1: Culture

Vocabulaire pour la lecture

1 **Quel est le mot?** Complétez.

1. La _____ est tout le long de la côte de la mer.

2. Elle s'est assise dans un _____ confortable.

3. Le café est là au _____ de la rue.

4. Dire «bonjour», c'est _____.

5. En automne quand il fait un peu de vent, j'adore aller dehors prendre

   _____.

6. Une personne qui se comporte mal n'a pas de _____.

7. Je ne sais pas exactement combien j'en ai, mais je dirais

   _____ cent.

8. Je sais qu'elle va les recevoir chaleureusement. Elle va bien les

   _____.

2 **Un autre mot** Donnez le mot.

1. une habitude _____

2. une grande chaise confortable _____

3. une zone de la côte _____

4. le destin _____

5. un instrument de musique africain _____

Lecture

3 **Francophonie et l'Afrique occidentale** Répondez.

1. Que veut dire le mot «francophonie»?

   _____

   _____

2. Où la langue française est-elle la langue maternelle?

   _____

   _____

3. Qu'est-ce que le créole?

   _____

   _____

4. Comment le français est-il arrivé en Afrique?

   _____.

5. Combien de pays de l'Afrique occidentale ont adopté le français comme langue
   officielle?

   _____.

6. De quoi chacun de ces pays est-il composé?

   _____.

7. Que parle chaque groupe ethnique?

   _____.

8. Combien de dialectes parlent les Dogons?

   _____.

4 **Religion et Animisme** Vrai ou faux?

1. _____ Le nombre de musulmans varie très peu d'un pays africain à l'autre.

2. _____ La plupart de la population du Mali et du Sénégal sont des adeptes
   de l'islam.

3. _____ La plupart des chrétiens habitent les zones littorales du Bénin, du
   Togo et de la Côte d'Ivoire.

4. _____ Il n'y a plus de religions traditionnelles en Afrique.

5. _____ Presque toutes les religions africaines ont des préceptes animistes.

6. _____ Les esprits des ancêtres jouent un rôle important dans les religions africaines.

7. _____ Dans les grands moments de la vie comme la naissance ou le mariage, on consulte un ancêtre pour tenter de résoudre certains problèmes.

8. _____ Les fidèles musulmans et chrétiens ne participent jamais à des rites animistes.

5 **Musique et danse et Coutumes et savoir-vivre** Répondez.

1. Qu'est-ce qu'un griot et que fait-il?

_____

_____

2. Comment la société africaine est-elle régie selon une stricte hiérarchie?

_____

3. Qu'est-ce qu'un clan?

_____

4. Que fait chaque personne de sa paie?

_____

5. Pourquoi le ballet des sièges a-t-il lieu?

_____

_____

6 **Noms** Expliquez.

1. pourquoi on est très fier de son nom

_____

_____

2. ce que donne le diamou

_____

_____

3. pourquoi les longues salutations sont très importantes

_____

_____

Structure-Révision

Les prépositions avec des noms géographiques

7 **À l'agence de tourisme** Où vont les touristes? Écrivez des phrases complètes.

Modèle: France
Ils vont en France.

1. États-Unis _____

2. Suisse _____

3. Canada _____

4. Paris _____

5. Nice _____

6. Martinique _____

7. Brésil _____

8. Tunisie _____

9. Israël _____

10. Pérou _____

8 **À l'aéroport** Dites d'où viennent tous ces vols.

Modèle: 205 France (Paris) →
Le vol numéro 205 vient de France, de Paris.

1. 198 Tunisie (Tunis)

_____

2. 311 Canada (Québec)

_____

3. 462 Égypte (le Caire)

_____

4. 345 Mexique (Guadalajara)

_____

5. 256 Maroc (Fès)

_____

6. 427 Japon (Tokyo)

_____

9 **En voyage!** Complétez.

La famille Dufort voyage beaucoup. En été, Monsieur et Madame Dufort vont

_____ États-Unis, _____ Mexique ou _____ Canada. Mais l'été dernier, ils sont
　　　1　　　　　　　　2　　　　　　　　3

allés _____ Pékin, _____ Chine. Leur fils Pierre passe ses vacances d'hiver
　　　　4　　　　　　5

_____ Chamonix, _____ France, ou _____ Aoste, _____ Italie. Sa sœur
　　6　　　　　　　　7　　　　　　　　8　　　　　　9

Claudine veut parler mieux l'anglais; elle va donc _____ Londres, _____
　　　　　　　　　　　　　　　　　　　　　　　　　　10　　　　　　　　11

Angleterre, ou chez des amis _____ Philadelphie, _____ États-Unis.
　　　　　　　　　　　　　　12　　　　　　　　13

Le pronom y

10 **Au restaurant** Remplacez les mots en italique par le pronom qui convient.

1. Je suis allé(e) *au restaurant.*

_____

2. J'ai attendu mes amis *devant le restaurant.*

_____

3. Ils sont arrivés *au restaurant* un peu en retard.

_____

4. Nous sommes entrés *dans le restaurant.*

_____

5. J'ai donné mon imperméable *au maître d'hôtel.*

_____

6. Il a mis mon imperméable *au vestiaire.*

_____

7. J'ai parlé *aux serveurs.*

_____

8. Après le dîner, nous sommes tous allés *chez Thérèse.*

_____

11 **Ce sont de très bons enfants** Récrivez avec un pronom.

    1. Les enfants obéissent à leurs parents.

    _____

    2. Ils obéissent aussi au professeur de lycée.

    _____

    3. Ils obéissent au règlement.

    _____

    4. Ils répondent aux questions du professeur.

    _____

    5. Ils répondent poliment au professeur.

    _____

    6. Ils pensent à leurs vacances d'été.

    _____

    7. Ils rendent visite à leurs cousins en été.

    _____

    8. Ils vont au bord de la mer au mois d'août.

    _____

    9. Ils sont très contents de passer un mois sur la Côte d'Azur avec leurs cousins.

    _____

    10. Ils adorent aller à la plage.

    _____

Leçon 2: Conversation

Vocabulaire pour la conversation

1 **Quel est le mot?** Complétez.

1. Les _____ brillent dans le ciel la nuit.

2. Le _____, c'est très tôt le matin.

3. Après le _____, il commence à faire nuit.

4. Les _____ et les _____ sont des légumes secs.

5. Les petits enfants aiment beaucoup manger des _____.

6. Quelques jours par an il ne mange rien. Il _____ pour des raisons religieuses.

Conversation

2 **Mise en scène** Donnez les renseignements suivants.

1. les trois pays du Maghreb _____

2. ce qu'ils étaient _____

3. la langue officielle de ces pays _____

4. la dérivation du mot «Maghreb» _____

5. l'islam _____

3 **Une grande fête** Vrai ou faux?

1. _____ Dans beaucoup de pays musulmans, le Ramadan est considéré comme la fête la plus importante.

2. _____ Le Ramadan a toujours lieu au mois de mai.

3. _____ Le calendrier hégire, c'est le calendrier musulman.

4. _____ Selon le calendrier hégire, l'année est partagée en treize mois.

5. _____ Les mois sont alignés sur le mouvement de la Lune, pas sur le mouvement du Soleil.

6. _____ Chaque jour commence immédiatement après le lever du soleil.

7. _____ Le Ramadan dure toute une semaine.

8. _____ Entre le lever et le coucher du soleil, tout le monde jeûne.

9. _____ Au moment du coucher du soleil on peut commencer à s'amuser.

10. _____ On mange la harira.

11. _____ La harira est une soupe de poissons.

12. _____ À la fin du Ramadan il y a une grande fête qui dure trois ou quatre jours.

Structure-Révision

Le futur

4 **Un voyage que je ferai** Donnez des réponses personnelles.

1. Tu iras en France un de ces jours?

_____

_____

2. Tu passeras combien de temps en France?

_____

_____

3. Tu feras la connaissance de beaucoup de Français?

_____

_____

4. Ils seront du même âge que toi?

_____

_____

5. Ils te parleront en français?

_____

_____

6. Tu leur répondras en français ou en anglais?

_____

_____

7. Ils t'accompagneront au musée d'Orsay?

_____

_____

8. Vous prendrez le métro ensemble?

_____

_____

9. Vous descendrez à Solférino?

_____

_____

10. Tu achèteras les billets?

_____

_____

11. Il y aura un tarif étudiant?

_____

_____

12. Vous y verrez des peintures impressionnistes?

_____

_____

5 **Voilà que je roule!** Récrivez au futur.

1. Je prends des leçons de conduite.

_____

2. J'apprends le code de la route.

_____

3. Je reçois mon permis de conduire.

_____

4. Je veux une nouvelle voiture.

_____

5. J'en ai besoin pour mon travail.

_____

6. Je me l'achète.

_____

7. Je ne la paie pas trop cher.

_____

8. J'en suis content(e).

_____

6 **Encore une fois** Récrivez les réponses de l'Activité 5 en remplaçent **je** par **tu.**

1. _____

2. _____

3. _____

4. _____

5. _____

6. _____

7. _____

8. _____

Le conditionnel

7 **En Tunisie** Répondez.

1. Tu aimerais visiter la Tunisie un jour?

_____

_____

2. Tu irais en quelle saison?

_____

_____

3. Tu y passerais combien de temps?

_____

_____

4. Un(e) ami(e) t'accompagnerait?

_____

_____

5. Vous visiteriez la capitale, Tunis?

_____

_____

6. Vous aimeriez aussi voir des villages?

_____

_____

7. Vous ne seriez pas toujours ensemble?

_____

_____

8. Tu irais à Sidi-Bou-Saïd même si ton ami(e) voulait aller à Carthage?

_____

_____

8 **On le ferait mais...** Complétez au conditionnel.

1. Ils _____ le faire si tu leur expliquais. (savoir)

2. Il _____ mieux finir avant leur retour. (valoir)

3. Si j'étais toi, je ne leur _____ pas cette lettre. (envoyer)

4. À ta place, je leur _____ demain. (téléphoner)

5. Tu _____ leur donner un coup de fil. (pouvoir)

6. Je le _____, mais je n'ai pas le temps. (faire)

Leçon 3: Journalisme

Vocabulaire pour la lecture

Le français, langue de culture

1 **Un autre mot** Exprimez d'une autre façon.

1. Je n'ai pas eu le pouvoir de le faire.

_____

_____

2. Je crois que son plan, c'est un modèle idéal.

_____

_____

3. Ils pourront en déterminer la cause, je vous assure.

_____

_____

4. Ah, oui. Sa famille est assez riche.

_____

_____

5. Il a cherché parmi le débris mais il n'a rien trouvé.

_____

_____

Lecture

2 **Léopold Sédar Senghor** Décrivez.

1. l'enfance de Senghor

_____

_____

2. la famille de Senghor

_____

_____

3. les études de Senghor

_____

_____

4. l'influence de son oncle maternel

_____

_____

5. ses années à Paris

_____

_____

6. sa carrière politique

_____

_____

7. sa carrière littéraire

_____

_____

3 **Le français, langue de culture** Quel est le message de Senghor dans cet article?

_____

_____

_____

_____

_____

Vocabulaire pour la lecture

Les hommes bleus

4 **Les hommes bleus** Répondez.

1. Qu'est-ce qu'une longue période sans pluie? _____

2. Citez deux animaux qui donnent du lait. _____

3. Qui surveille les troupeaux de moutons ou de chèvres? _____

4. Où prend-on de l'eau? _____

5. Comment s'appelle un ouvrier qui sait forger à la main? _____

5 **Des mots apparentés** Choisissez le mot qui correspond.

1. _____ forger   **a.** la sécheresse

2. _____ sécher   **b.** la surveillance

3. _____ déguster   **c.** le forgeron

4. _____ surveiller   **d.** la découverte

5. _____ découvrir   **e.** la dégustation

Lecture

6 **Les hommes bleus** Répondez.

1. Pourquoi appelle-t-on les Touaregs «les hommes bleus»?

   _____

   _____

2. Avec qui les Touaregs ont-ils été toujours en conflit?

   _____

   _____

3. Quel est le lieu de rencontres pour les Touaregs?

   _____

   _____

4. Qui sont les Kel-Tedale?

   _____

   _____

5. Que veulent les Touaregs?

   _____

   _____

7 **Un peu de géographie** Faites une liste de tous les pays où habitent les Touaregs. Choisissez un de ces pays et donnez des détails sur sa géographie.

_____

_____

_____

_____

_____

_____

Structure avancée

Le subjonctif avec les expressions de doute

8 **Je doute que...** Finissez les phrases.

1. Je doute que (qu') _____.

2. Je doute que (qu') _____.

3. Je doute que (qu') _____.

4. Je doute que (qu') _____.

9 **Je crois que...** Finissez les phrases.

1. Je crois que (qu') _____.

2. Je crois que (qu') _____.

3. Je crois que (qu') _____.

4. Je crois que (qu') _____.

10 **Certain?** Finissez les phrases.

1. Il n'est pas certain que (qu') _____

mais il est possible que (qu') _____.

2. Il n'est pas certain que (qu') _____

mais il est possible que (qu') _____.

3. Il n'est pas certain que (qu') _____

mais il est possible que (qu') _____.

4. Il n'est pas certain que (qu') _____

mais il est possible que (qu') _____.

Le présent et l'imparfait avec **depuis**

11 **L'Algérie** Répondez d'après les indications.

1. Depuis quand l'Algérie est-elle indépendante? (1962)

   _____

   _____

2. Depuis quelle date les Français occupaient-ils l'Algérie? (1830)

   _____

   _____

3. Ça faisait combien de temps que les Français étaient en Algérie? (132 ans)

   _____

   _____

12 **Depuis quand?** Pensez à des choses que vous faites presque tous les jours. Écrivez depuis quand vous les faites.

1. _____

2. _____

3. _____

4. _____

5. _____

13 **Deux amies** Complétez au présent, à l'imparfait ou au futur selon l'expression de temps employé.

1. Nous nous _____ depuis longtemps. (écrire)

2. Ça fait au moins cinq ans que nous nous _____. (connaître)

3. Mais nous ne nous _____ pas souvent. (voir)

4. J'aurai beaucoup de choses à lui dire quand je la _____.
   (voir)

5. Aussitôt qu'elle _____, nous commencerons à parler.
   (arriver)

6. Dès que je _____ la date exacte de son arrivée, je te
   préviendrai. (savoir)

7. Ça faisait combien de temps que tu la _____? (connaître)

8. Ça fait plus de trois ans que vous vous _____? Ça me
   semble incroyable. Je me souviens bien quand je vous ai présentées. (connaître)

WORLD
Kora sonne

DJEOUR CISSOKHO

PHOTOS : D.R.

Djeour Cissokho rajeunit la kora au New Morning (10ᵉ).

Au Sénégal, rares sont ceux qui ignorent qu'il est le fils du grand Soundioulou Cissokho, une référence de la kora. Lui sait bien qu'être le «fils de» ne suffit pas pour capter l'intérêt du public dans une région où les griots habiles à manier le chant et cet instrument sont légion. Alors, nourri de l'héritage paternel, au début des années 90 il a créé un groupe et commencé à façonner son propre style, ancré dans la tradition mais perméable à une belle variété d'influences comme on pourra le découvrir au New Morning.

PATRICK LABESSE

New Morning *(10ᵉ), jeudi 18.*

---

14 **Kora sonne** Répondez aux questions.

1. Qui est Soundioulou Cissokho?

_____

_____

2. De quel pays vient-il?

_____

_____

3. Comment s'appelle son fils?

_____

_____

4. Qu'est-ce qu'il a créé au début des années 90?

_____

_____

5. D'après vous, qu'est-ce que le New Morning?

_____

_____

6. Cet article est publié dans un magazine publié à Paris. D'après vous, que veut dire (10e) à côté du New Morning?

_____

_____

15 **La musique sénégalaise** Vous voulez emmener un(e) ami(e) entendre de la kora au New Morning. Mais votre ami(e) ne connaît rien à la musique sénégalaise. Grâce à ce que vous avez appris dans ce chapitre, vous pouvez lui montrer l'article et lui expliquer de quoi il s'agit.

_____

_____

_____

_____

_____

_____

_____

Leçon 1: Culture

Vocabulaire pour la lecture

1 **Quel est le mot?** Identifiez.

1. _____

2. _____

3. _____

4. _____

5. _____

6. _____

7. _____

2 **Les faits divers et la presse** Vrai ou faux?

1. _____ On peut acheter un magazine au kiosque.

2. _____ Chaque gros titre a des rubriques.

3. _____ Il n'est pas rare que les cambrioleurs cassent une vitre pour entrer dans une maison.

4. _____ La limitation de vitesse, c'est la signalisation.

5. _____ Une blessure mortelle peut causer la mort.

6. _____ Les auditeurs de radio parlent à leurs présentateurs.

7. _____ Il faut que la police essaie de trouver un mobile pour un meurtre.

8. _____ L'actualité, c'est ce qui se passe dans le présent.

3 **Quel est le mot?** Complétez.

1. Il y a toujours des gros titres à la _____.

2. La police _____ les criminels.

3. Un _____, c'est un crime.

4. La petite criminalité augmente. Il y a eu une _____ de la petite criminalité.

5. Les pompiers _____ contre l'incendie. Ils veulent

l'_____.

Lecture

4 **La presse et les médias** Vrai ou faux?

1. _____ Un journal est constitué de différents gros titres.

2. _____ Quelques rubriques d'un journal sont la politique étrangère, les faits divers et les sports.

3. _____ Un quotidien est publié une fois par semaine.

4. _____ Dans l'actualité plusieurs quotidiens nationaux ont perdu des lecteurs.

5. _____ La presse régionale intéresse plus les lecteurs parce qu'elle présente des informations qui les concernent directement.

6. _____ Un hebdomadaire est un magazine publié une fois par semaine.

7. _____ Les présentateurs ou les présentatrices doivent rapporter les nouvelles d'après leur point de vue.

8. _____ Une émission en direct a été enregistrée à l'avance.

5 **Les gardiens de la société et Accidents et délinquance** Répondez.

1. De quoi la gendarmerie s'occupe-t-elle?

_____

_____

2. De quoi la police s'occupe-t-elle?

_____

_____

3. Que fait la police?

_____

_____

4. Que font les pompiers?

_____

_____

5. Où les accidents mortels sur la route restent-ils très élevés?

_____

_____

6. Qu'est-ce que les conducteurs refusent de respecter?

_____

_____

7. Où le taux de criminalité est-il le plus élevé?

_____

_____

8. Qu'est-ce qui contribue à la hausse de la délinquance?

_____

_____

9. Quelles sont de nouvelles formes de délinquance?

_____

_____

10. Qu'est-ce qui impressionne le plus les Français?

_____

_____

Structure-Révision

Les pronoms compléments directs et indirects

6 **À la cantine** Récrivez le paragraphe en remplaçant **je** par **nous**.

Raoul me voit tous les jours à la cantine. Il me regarde, mais il ne me parle pas quand je suis avec Lucienne. Mais il me téléphone le soir et il me parle longuement de sa journée. Samedi prochain il va m'inviter au cinéma. Il va m'acheter du pop-corn.

_____

_____

_____

_____

_____

_____

_____

7 **Encore une fois** Récrivez le paragraphe de l'Activité 6 en remplaçant **je** par **elle**. Faites tous les changements nécessaires.

_____

_____

_____

_____

_____

_____

8 **Dommage!** Complétez.

—Ton ami Alain est au téléphone. Il veut _____ parler personnellement.
                                                    1

—Il veut _____ parler? Pourquoi?
              2

—Il veut sortir avec toi: il veut _____ inviter au concert ce soir.
                                         3

—Dommage! Il _____ invite toujours trop tard. Je suis déjà prise. Je _____ dis
                    4   5
toujours qu'il faut _____ téléphoner à l'avance. Mais il ne _____ écoute
                          6   7
jamais et il fait ce qu'il veut!

9 **Une tente** Remplacez les mots en italique par un pronom.

1. Alain voit *le gardien de la paix*.

   _____

2. Alain parle *au gardien de la paix*.

   _____

3. Il demande *au gardien de la paix* la permission de monter sa tente.

   _____

4. Le gardien dit *à Alain et à ses ami*s qu'ils peuvent camper là.

   _____

5. Alain demande *au gardien de la paix* où il peut mettre sa tente.

   _____

6. Il répond *à Alain:* «Là-bas, sous les arbres.»

   _____

7. Alain et ses amis remercient *le gardien et sa collègue* et disent au revoir *à tous les deux*.

   _____

Deux pronoms compléments ensemble

 Un pickpocket Remplacez les mots en italique par des pronoms.

1. Le pickpocket lui a pris *son portefeuille*.

   _____

2. Le pickpocket a donné *le portefeuille à son complice*.

   _____

3. L'agent de police m'a donné *la feuille de déclaration* au commissariat.

   _____

4. J'ai rempli la déclaration et je l'ai rendue *à l'agent de police*.

   _____

5. L'agent de police m'a posé *toutes les questions d'usage*.

   _____

11 **Des cadeaux** Remplacez les mots en italique par des pronoms.

1. Mon père m'a acheté *le cadeau que je voulais*.

_____

2. Il m'a donné *le cadeau*.

_____

3. C'est lui qui m'a acheté *ces lunettes*.

_____

4. Et moi, j'ai acheté *ce cadeau pour papa*.

_____

5. Je lui ai donné *son cadeau* le jour de son anniversaire.

_____

6. J'ai acheté *cette raquette et ces balles pour papa* parce qu'il aime jouer au tennis.

_____

Leçon 2: Conversation

Vocabulaire pour la conversation

1 **Qu'est-ce qui se passe?** Répondez d'après le dessin.

1. Qui sont les trois personnes? _____

_____

2. Qui pousse la victime? _____

_____

3. Qu'est-ce qu'elle lui prend? _____

_____

4. Qu'est-ce que la victime crie? _____

_____

5. La victime est allée où? _____

_____

2 **Quel est le mot?** Complétez.

1. Il essaie toujours de duper quelqu'un. Il a beaucoup de petits

_____. .

2. Il ne va pas _____ des conséquences. Il ne
comprend pas.

3. Je veux aller en avant. Je vais _____.

4. Il veut te distraire. Il veut _____.

5. Il a coupé sa poche et elle est _____.

Conversation

 3 **Mise en scène** Répondez.

1. Qui sont les victimes de la plupart des pickpockets?

_____

2. Où les bandes de jeunes travaillent-elles?

_____

_____

3. Comment «travaillent»-elles?

_____

_____

4. La plupart de ces pickpockets sont des adultes? Que sont-ils?

_____

_____

4 **Conversation** Corrigez les phrases fausses.

1. Le nom de la victime, c'est Alain Pétrot.

_____

2. Elle a été volée à la gare.

_____

3. Elle a été volée hier.

_____

4. Le voleur était armé.

_____

5. Il n'y avait presque personne sur le quai.

_____

6. Quelqu'un l'a poussée.

_____

7. Elle était dans le métro quand elle a remarqué que son sac était ouvert.

_____

8. Elle avait au moins 100 euros.

_____

9. Elle n'avait pas de cartes de crédit.

_____

10. Elle pourrait faire une description du complice.

_____

Structure-Révision

Les pronoms compléments avec l'impératif

5 **Un vol** Qu'est-ce que le voleur te dit?

> Modèle: **Il veut ta bicyclette.**
> **Donne-la-moi.**

1. Il veut ton sac.

_____

2. Il veut ton portefeuille.

_____

3. Il veut ta montre.

_____

4. Il veut tes cartes de crédit.

_____

5. Il veut ton argent.

_____

6. Il veut tes lunettes.

_____

6 **Pas de vol** Récrivez les phrases de l'Activité 5 à la forme négative.

1. _____

2. _____

3. _____

4. _____

5. _____

6. _____

7 **Oui et non** Suivez le modèle.

    Modèle: —Marc veut écouter ta montre.
             —D'accord, donne-la-lui.
             —Non! Ne la lui donne pas.

  1. Brigitte veut emprunter ta moto.

    _____

    _____

  2. Richard et Antoine veulent emprunter tes magazines de foot.

    _____

    _____

  3. Annie veut écouter ton nouveau CD.

    _____

    _____

  4. Gilles veut prendre ces livres.

    _____

    _____

  5. Olivier et Sophie veulent emprunter ta voiture.

    _____

    _____

8 **Si** Récrivez à la forme affirmative.

  1. Ne le lui dites pas. _____

  2. Ne me le dites pas. _____

  3. Ne les leur rendez pas. _____

  4. Ne me les rendez pas. _____

  5. Ne lui répondez pas. _____

  6. Ne me répondez pas. _____

Leçon 3: Journalisme

Vocabulaire pour la lecture

Les gros titres

1 **Quel est le mot?** Complétez.

1. Il cherche du travail sans pouvoir en trouver. Il est au

_____.

2. Il n'y a pas de doute que l'abus des drogues est un

_____ de notre siècle.

3. Les conducteurs en état d'ivresse ne doivent pas prendre le

_____.

4. Les ouvriers exigent des meilleures conditions de travail et ils sont en

_____.

2 **Lisez-vous le journal?** Citez des raisons pour lesquelles on doit lire souvent le journal.

_____

_____

_____

_____

_____

_____

_____

_____

_____

_____

_____

Lecture

3 **Les gros titres** Identifiez le gros titre.

1. The government is trying to do something about unemployment.

   _____

2. The seriousness of drinking and driving _____

   _____

3. Doing something about hunger _____

   _____

4. Doctors on strike _____

   _____

Vocabulaire pour la lecture

La rubrique faits divers

4 **Quel est le mot?** Identifiez.

1. _____

2. _____

3. _____

4. _____

5 **Un vol** Répondez d'après le dessin.

1. Il est armé? _____

2. Il veut voler sa victime? _____

3. C'est un vol à main armée? _____

4. Il est possible qu'il veuille ses bijoux? _____

_____

5. La victime dit quelque chose? _____

6. Elle a peur que le voleur lui fasse du mal? _____

_____

7. La victime ne dit rien de crainte que le voleur lui fasse du mal? _____

_____

6 **Quel est le mot?** Complétez.

1. Il _____ être malade.

2. Il dit que non. Il _____ le savoir.

3. Je vais _____ mes bijoux à ma cousine. Je sais qu'elle les gardera bien.

4. C'est fini! Les pompiers ont _____ l'incendie en cinq minutes!

Lecture

7 **Gentleman-cambrioleur** Écrivez.

En quelques phrases donnez l'idée principale de cet article.

_____

_____

_____

_____

_____

_____

_____

8 **Un mort dans un incendie** Répondez.

1. Quand s'est déclaré l'incendie?

_____

_____

2. Où?

_____

_____

3. Comment a-t-il été maîtrisé?

_____

_____

4. Par qui?

_____

_____

5. Qu'est-ce qu'ils ont trouvé dans une des chambres?

_____

_____

6. Quelles sont les causes de sa mort?

_____

_____

9 **Un chaton** Écrivez un compte-rendu de l'article *Un chaton parcourt 1.000 km pour retrouver ses anciens maîtres.*

_____

_____

_____

_____

_____

_____

_____

_____

_____

_____

Structure avancée

Le subjonctif après des conjonctions

10 **Un voyage** Complétez.

    1. Je sais qu'il fera le voyage...

        pourvu que _____

        sans que _____

        à moins que _____

        afin que _____

        avant que _____

    2. Il lui parlera...

        bien que _____

        pourvu que _____

        de façon que _____

        pour que _____

11 **À bas les notes** Complétez.

1. Quelle note aurez-vous en français? J'aurai «A» pourvu que je...

_____

_____

_____

_____

2. Je n'aurai certainement pas «A» à moins que je...

_____

_____

_____

_____

Leçon 1: Culture

Vocabulaire pour la lecture

1 **Quel est le mot?** Identifiez.

1. _____ 2. _____ 3. _____

4. _____ 5. _____

2 **Une action** Donnez un mot apparenté.

1. baptiser _____

2. naître _____

3. témoigner _____

4. allier _____

5. enterrer _____

6. une prière _____

7. marier _____

3 **Passages de la vie** Complétez.

1. Les parents envoient un _____ pour annoncer la naissance de leur bébé.

2. Le _____ et la _____ assistent au baptême du bébé.

3. Pendant la cérémonie les nouveaux mariés échangent des

   _____.

4. Le _____ et la _____ accompagnent le marié et la mariée à l'autel.

5. Pendant l'enterrement le prêtre parle du _____.

6. La mort d'une personne, c'est le _____.

7. Une famille qui n'a qu'un parent est une famille _____.

Lecture

4 **Une naissance et les enfants** Complétez l'idée.

1. Quelques mois après la naissance du bébé les familles catholiques

   _____.

2. La marraine et le parrain sont _____.

3. Pendant le baptême le prêtre _____.

4. Chez les protestants le baptême n'est pas _____.

5. La cérémonie de la circoncision _____

   _____.

6. La profession de foi d'un enfant catholique a lieu à l'âge de _____.

7. Le jeune protestant fait sa confirmation quand il a _____.

8. Les juifs célèbrent la bar-mitsva ou la bat-mitsva par une cérémonie à la

   _____.

9. Le jeune musulman jeûne pendant le Ramadan pour la première fois à l'âge de

   _____.

5 **Le mariage** Répondez.

1. Qu'est-ce qui est obligatoire en France?

_____

2. Ce mariage a lieu où?

_____

3. Chez les protestants, le mariage a lieu où?

_____

4. Et chez les juifs?

_____

5. Quand les époux musulmans se voient-ils?

_____

6. À quoi est consacrée la plus grande partie de la journée de la célébration?

_____

6 **À la française** Décrivez un mariage typique en France.

_____

_____

_____

_____

_____

_____

7 **La famille et le décès** Vrai ou faux?

1. _____ L'âge légal du mariage en France est le même pour les garçons et les filles.

2. _____ Actuellement les Français se marient de plus en plus jeunes.

3. _____ Le nombre de divorces en France est en hausse.

4. _____ La famille recomposée est une famille qui a un beau-père ou une belle-mère et les enfants de ceux-ci.

5. _____ Le cercueil transporte le corbillard.

6. _____ Après la messe on se dirige vers le cimetière pour l'enterrement.

7. _____ Les parents et les amis d'un défunt juif se réunissent au cimetière pour la shiva.

8. _____ Il n'y a que les hommes qui participent à l'enterrement d'un musulman.

Structure-Révision

Le partitif

8 **Achats** Complétez.

1. À la charcuterie on achète _____.

2. À la boucherie on achète _____.

3. À la crémerie on achète _____.

4. À la boulangerie-pâtisserie on achète _____.

5. À la poissonnerie on achète _____.

6. À l'épicerie on achète _____.

9 **On n'en achète pas.** Complétez.

1. À la charcuterie on n'achète pas _____.

2. À la boucherie on n'achète pas _____.

3. À la crémerie on n'achète pas _____.

4. À la boulangerie-pâtisserie on n'achète pas _____.

5. À la poissonnerie on n'achète pas _____.

6. À l'épicerie on n'achète pas _____.

10 **On mange bien.** Complétez.

—Tu aimes _____ jambon?

—Oui, mais je ne vais pas manger _____ jambon aujourd'hui. Je vais manger

_____ poisson. Et toi, tu vas manger _____ poulet comme d'habitude?

—Oui, et _____ frites aussi. J'adore _____ frites.

—Tu veux _____ pain et _____ beurre?

—_____ pain, oui, mais pas _____ beurre, merci.

—On va prendre _____ fruits et _____ fromage?

—Absolument! J'adore _____ fromages français.

Le pronom en

11 **Souvenirs d'un bon voyage** Remplacez les mots en italique par un pronom.

1. L'avion vient *de Munich.*

_____

2. Voilà Catherine. Elle sort *de la douane.*

_____

3. Elle a *des souvenirs.*

_____

4. Mais elle a très peu *d'argent.*

_____

5. Elle a beaucoup *de valises.*

_____

6. Elle a quatre *valises.*

_____

7. Elle sort les souvenirs *de ses valises.*

_____

8. Elle donne *des souvenirs* à ses amis.

_____

9. Elle parle *de son voyage.*

_____

10. Elle parle aussi *de ses amis en Allemagne.*

_____

12 **Personnellement** Répondez en utilisant des pronoms.

1. Avez-vous des cousins?

_____

2. Combien de cousins avez-vous?

_____

3. Quand vous parlez à vos cousins, parlez-vous de vos activités quotidiennes?

_____

4. Vos cousins parlent-ils de leurs parents?

_____

Leçon 2: Conversation

Vocabulaire pour la conversation

1 **Quel est le mot?** Complétez.

1. Dans une église les bancs sont arrangés en _____.

2. Tout le monde _____ les nouveaux mariés.

3. Les nouveaux mariés _____ leurs amis pour les cadeaux qu'ils ont reçus.

Conversation

2 **Un mariage** Décrivez les conseils que Julie a donnés à Robert pour qu'il ne commette pas de faux pas au mariage de son ami français.

_____

_____

_____

_____

_____

_____

_____

_____

_____

3 **Un enterrement** Expliquez ce que ça veut dire.

1. La cérémonie aura lieu dans la plus stricte intimité.

_____

_____

2. Ni fleurs ni couronnes.

_____

_____

Structure-Révision

Les pronoms relatifs **qui** et **que**

4 **Le Sherlock Holmes français** Complétez avec **qui** ou **que**.

1. Le roman policier _____ nous lisons en classe est très intéressant.

2. L'auteur _____ l'a écrit, Georges Simenon, est belge.

3. Tous les romans _____ il a écrits sont devenus des best-sellers.

4. C'est Simenon _____ a créé le personnage de l'inspecteur Maigret.

5. Maigret, _____ on appelle le Sherlock Holmes français, est commissaire de la police judiciaire.

6. On le reconnaît toujours à la pipe _____ il fume.

7. Les deux hommes _____ aident Maigret sont l'inspecteur Janvier et le brigadier Lucas.

8. La méthode _____ il emploie est spéciale.

5 **Un restaurant normand** Faites une seule phrase des deux.

1. C'est Nadine. Elle va au restaurant.

   _____

   _____

2. Elle choisit le restaurant. Le restaurant n'est pas cher.

   _____

   _____

3. Le patron fait la cuisine. Il est normand.

   _____

   _____

4. Les repas sont délicieux. Le patron et la patronne préparent les repas.

   _____

   _____

5. La patronne sert des fromages. Tous les fromages sont normands.

   _____

   _____

Workbook

6 **On verra!** Complétez avec **ce qui** ou **ce que**.

—Qu'est-ce que tu as dit?

—Tu n'as pas entendu _____ j'ai dit?

1

—Non, je n'ai pas entendu _____ tu as dit.

2

—Tu ne comprends rien de _____ se passe?

3

—Absolument rien. Dis-moi _____ est arrivé.

4

—Si tu ne sais pas _____ est arrivé, tu ne vas pas comprendre

5

_____ va se passer.

6

—Dis-moi, je t'en prie. Dis-moi exactement _____ va se passer.

7

—Sois patient! Attends et tu verras!

Le pronom relatif **dont**

7 **Un livre passionnant** Complétez avec un pronom.

1. C'est le livre _____ il m'a parlé.

2. C'est le livre _____ j'ai besoin.

3. C'est le livre _____ Robert a lu les cent premières pages.

4. C'est le livre _____ le premier chapitre est fabuleux.

5. C'est le livre _____ l'auteur vient d'écrire un article pour
le Nouvel Observateur.

6. C'est la revue _____ nous avons parlé hier.

8 **Sa mère est prof.** Complétez.

1. La mère de cette jeune fille est professeur de sciences politiques. La jeune fille

_____ la mère est professeur de sciences politiques s'appelle

Catherine.

2. Le fils du professeur est notre ambassadeur au Mexique. Le professeur

_____ le fils est ambassadeur enseigne l'espagnol. C'est le professeur

_____ je t'ai parlé.

Leçon 3: Journalisme

Vocabulaire pour la lecture

Les enfants sont rois

1 **Les Papillons** Vrai ou faux?

1. _____ Un papillon est un très joli oiseau.

2. _____ Une crèche est une garderie d'enfants où les parents laissent leurs enfants pendant qu'ils sont au travail.

3. _____ Un préjugé, c'est un fait objectif.

4. _____ Les petits enfants appellent souvent leur grand-mère «mamie».

5. _____ Il est tellement triste qu'il est ravi.

6. _____ Une complicité entre deux personnes indique que l'une ne sait pas ce que l'autre fera.

7. _____ L'aîné de la famille c'est celui qui est le plus jeune.

Lecture

2 **Une maison de retraite** Expliquez pourquoi cette maison de retraite à Bordeaux est très intéressante.

_____

_____

_____

_____

_____

_____

_____

_____

_____

Vocabulaire pour la lecture

Le carnet du jour

3 **Quel est le mot?** Complétez.

1. Le jeune couple s'est fiancé. Ils ont annoncé leurs _____.

2. En parlant de la mort de quelqu'un, on doit dire le _____ ou

   la _____ et pas la mort.

3. Et en parlant de l'enterrement ou de la mise en terre on doit dire les

   _____ ou l'_____.

Lecture

4 **Faire-part** Écrivez deux faire-part.

1. pour un mariage

   _____

   _____

   _____

   _____

   _____

   _____

2. pour un décès

   _____

   _____

   _____

   _____

   _____

   _____

Structure avancée

Le plus-que-parfait

5 **Qu'est-ce que tu avais fait?** Répondez.

1. Avais-tu déjà appris le latin quand tu as commencé à étudier le français?

_____

_____

_____

2. Tu avais déjà suivi un cours d'algèbre quand tu t'es inscrit(e) à un cours de géométrie?

_____

_____

_____

3. Tu étais déjà allé(e) en Californie quand tu es allé(e) à Los Angeles?

_____

_____

_____

6 **Personnellement** Répondez.

Ce matin ton frère s'est levé à neuf heures mais toi, tu t'es levé(e) à sept heures. Qu'est-ce que tu avais déjà fait quand ton frère s'est levé?

_____

_____

_____

_____

_____

Le conditionnel passé

7 **Personnellement** Citez cinq choses que vous auriez faites mais que vous n'avez pas faites parce que vos parents vous ont défendu de les faire.

1. _____

2. _____

3. _____

4. _____

5. _____

8 **Je ne l'ai pas fait parce que...** Complétez comme vous le voulez mais utilisez un conditionnel passé.

1. Je (J') _____ mais je ne l'ai pas fait parce qu'il a commencé à pleuvoir.

2. Mes amis _____ en France mais ils n'y sont pas allés car ils n'avaient pas assez d'argent.

3. Je sais que tu _____ mais tu ne l'as pas fait parce que tu as eu peur.

4. Nous _____ mais nous ne l'avons pas fait parce que nous n'avons pas eu assez de temps.

5. Je (J') _____ mais je ne l'ai pas fait parce que je sais que mes parents auraient été furieux.

Propositions avec **si**

 Si j'avais le temps... Complétez.

1. J'aurai une bonne note en français si je (j') _____

   _____

   J'aurais eu une bonne note en français si _____

   _____.

   J'aurais une bonne note en français si _____

   _____.

2. Nous ferons le voyage si _____

   _____.

   Nous ferions le voyage si _____

   _____.

   Nous aurions fait le voyage si _____

   _____.

3. Je sortirai avec lui / elle si _____

   _____.

   Je sortirais avec lui / elle si _____

   _____.

   Je serais sorti(e) avec lui / elle si _____

   _____.

10 **Conditions** Complétez comme vous le voulez.

1. Si je (j') _____ assez d'argent, je (j') _____

   _____.

2. Si je (j') _____ riche, je (j') _____

   _____.

3. S'il _____ beau demain, nous _____

   _____.

4. Si nous _____ de la chance, nous _____

   _____.

5. Si je (j') _____ en France, je (j') _____

   _____.

Leçon 1: Culture

Vocabulaire pour la lecture

1 **C'est qui?** Identifiez la personne d'après le dessin.

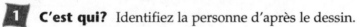

1. _____

2. _____

3. _____

4. _____

2 **Quel est le mot?** Complétez.

1. À l'hôpital les _____ aident les

   _____ qui aident les médecins.

2. Ils amènent un _____ de la route à l'hôpital dans une

   _____.

3. Une laborantine fait des _____ dans un

   _____ et elle fait aussi des _____

   pour découvrir quelque chose de nouveau.

4. Ils font de la _____ dans la piscine.

5. Non, il n'a pas de bicyclette. Il fait de la _____.

6. Pour faire de l'_____ il faut avoir un cheval. Ce sont les

   _____ qui en font.

7. Elle reçoit une très bonne _____ pour son travail.

3 **Autrement dit** Écrivez d'une autre façon les mots en italique.

1. Elle va *nager* dans la piscine.

_____

_____

2. Elle *est en bonne santé.*

_____

_____

3. Elle n'aime pas *parler de ses problèmes aux autres.*

_____

_____

4. Elle ne *se préoccupe* jamais du futur.

_____

_____

Lecture

4 **Les Français, la santé et la vie professionnelle** Identifiez.

1. l'espérance de vie chez les femmes en France _____

2. l'espérance de vie chez les hommes en France _____

3. quelques professions de santé _____

_____

4. un problème qui existe en France au sujet des médecins _____

_____

_____

5 **Des mots** Relisez les pages 335–336 de votre livre et faites une liste de tous les sports qui y sont mentionnés.

_____

_____

_____

_____

_____

_____

6 **Les activités physiques** Vrai ou faux?

1. _____ Plus de femmes françaises font du sport que d'hommes.

2. _____ Les sports collectifs sont plus en vogue en France que les sports individuels.

3. _____ L'engouement pour le jogging et l'aérobic n'existe plus.

4. _____ Beaucoup de sports traditionnellement réservés aux plus aisés commencent à se démocratiser.

Structure-Révision

Les verbes réfléchis

7 **Le matin** Complétez.

1. Mon frère se réveille à sept heures, et moi, je _____ à sept heures et demie.

2. Il se lave tout de suite, mais nos parents _____ plus tard.

3. Mon frère s'habille vite, mais mes sœurs _____ lentement.

4. Mon frère ne se peigne pas, mais moi, je _____ soigneusement.

5. Mon frère se rase, mais moi, je ne _____ pas.

8 **Le samedi** Complétez.

Le samedi nous _____ (se lever) tard. Seul mon père

_____ (se lever) avant neuf heures. Il ne

_____ pas (se raser), mais il _____

(se brosser) les dents. Moi, je ne _____ pas (se laver) les

cheveux le matin; je _____ (se laver) les cheveux le soir.

Quand mes frères et moi, nous _____ (se voir), nous

_____ (se saluer) et nous _____

(se dire) bonjour. Nous ne _____ (se serrer) pas la main.

Nous ne _____ pas (s'ennuyer) le samedi parce qu'il y a
beaucoup de choses à faire.

9 **Madame Duval** Complétez avec un pronom réfléchi si nécessaire.

Madame Duval _____ réveille à sept heures. Elle _____ réveille son mari et

elle lui prépare le petit déjeuner. Quand le bébé _____ réveille, Madame Duval le

_____ lave. Elle _____ habille l'enfant et elle l'_____ embrasse. Le bébé

_____ amuse avec ses jouets pendant que Madame Duval _____ habille.

L'après-midi Madame Duval _____ promène dans le jardin municipal avec ses

amies. Elle _____ promène aussi son petit chien, Médor. Ensuite, elle _____

brosse Médor. Le chien _____ amuse beaucoup le bébé.

10 **C'est toi.** Répondez personnellement.

1. Comment t'appelles-tu?

_____

2. Et ton meilleur ami ou ta meilleure amie, comment s'appelle-t-il/elle?

_____

3. Tu te promènes souvent dans le parc avec tes copains?

_____

4. Tu promènes ton chien?

_____

5. Derrière qui est-ce que tu es assis(e) au cours de français?

_____

6. Qui est assis(e) à ta gauche?

_____

7. Tu t'endors quelquefois en classe?

_____

8. Est-ce que les mauvais élèves s'endorment en classe?

_____

9. Tu pleures quand tu te sens triste?

_____

10. Tu te sens triste quand il pleut?

_____

11 **C'est vous.** Récrivez les questions de l'Activité 10 en remplaçant **tu** par **vous**. Omettez les numéros 2, 6 et 8.

1. _____

_____

2. _____

_____

3. _____

_____

4. _____

_____

5. _____

_____

6. _____

_____

7. _____

_____

Les verbes réfléchis au passé composé

12 **Alice et sa sœur** Répondez d'après les indications.

1. Qui s'est levé de bonne heure? (Alice)

   _____

2. Qui s'est lavé avec un gant de toilette et du savon? (Alice et sa sœur)

   _____

3. Qui s'est coiffé soigneusement? (Alice et sa sœur)

   _____

4. Qui s'est habillé élégamment? (Les filles)

   _____

5. Qui s'est maquillé avec soin? (La sœur d'Alice)

   _____

6. Qui s'est amusé énormément à la fête? (Tous les invités)

   _____

13 **Deux skieurs** Récrivez au passé.

Marguerite et Charles se rencontrent à Chamonix. Ils se présentent. Ils se parlent pendant le dîner. Le soir, ils s'amusent devant la cheminée. Le lendemain, ils se disent bonjour sur les pistes. Ils s'asseyent ensemble ce soir-là. Ils s'embrassent quand ils se disent au revoir. Ils s'écrivent tous les jours. Ils se téléphonent les week-ends. Ils se fiancent en février et ils se marient en juin. Vivent les nouveaux mariés!

_____

_____

_____

_____

_____

_____

_____

_____

_____

_____

_____

Leçon 2: Conversation

Vocabulaire pour la conversation

1 **Un examen médical** Décrivez les dessins.

_____

_____

_____

_____

_____

_____

2 **Quel est l'adjectif?** Donnez les adjectifs qui correspondent aux noms suivants.

1. la médecine _____

2. l'artère _____

3. les poumons _____

4. le cœur _____

5. la santé _____

Conversation

3 **En pleine forme!** Décrivez la consultation de Christophe chez le médecin et indiquez tout ce qu'il fait pour rester en pleine forme.

_____

_____

_____

_____

_____

_____

_____

_____

_____

_____

Structure-Révision

Le pronom interrogatif **qui**

4 **Un pique-nique** Complétez.

1. _____ va au pique-nique demain?

2. À _____ as-tu téléphoné?

3. Avec _____ as-tu parlé?

4. _____ as-tu invité?

5. _____ a accepté ton invitation?

Les pronoms interrogatifs **que** et **quoi**

 Chez le dentiste Posez des questions.

1. *Le téléphone* sonne.

   _____

2. *Marc* répond au téléphone.

   _____

3. Marc dit *qu'il a rendez-vous*.

   _____

4. Il a rendez-vous chez *le dentiste*.

   _____

5. Le dentiste va lui soigner *une dent*.

   _____

6. Marc a peur d'*aller chez le dentiste*.

   _____

7. Il n'aime pas *les piqûres de novocaïne*.

   _____

8. Il n'aime pas *aller chez le dentiste*.

   _____

6 **Rien! Personne!** Complétez.

—Nathalie, ma pauvre! Pourquoi tu pleures? _____ se passe?
                                                        1
—Rien!

—Mais _____ tu fais là? J'ai entendu sonner le téléphone.
            2

_____ t'a téléphoné?
       3
—Personne!

—Tu as vu quelque chose. _____ tu as vu?
                                      4
—Rien!

—Tu as peur? De _____ tu as peur?
                          5
—De rien!

—De _____ tu as peur?
          6
—De personne!

Leçon 3: Journalisme

Vocabulaire pour la lecture

L'oreille et le bruit

1 **Agréable ou pas?** Indiquez si c'est un bruit agréable ou désagréable.

	agréable	désagréable
1. le chant d'un oiseau	_____	_____
2. une voix aiguë	_____	_____
3. une voix forte	_____	_____
4. un sifflet	_____	_____
5. les klaxons de beaucoup de voitures	_____	_____
6. un marteau-piqueur	_____	_____
7. une sirène d'alarme	_____	_____

2 **Qu'est-ce qui se passe?** Complétez.

1. Mon frère n'entend plus. Il est _____.

2. Est-ce que son état est permanent ou _____?

3. Le contraire de faible est _____.

4. Le bruit d'un marteau-piqueur m'_____ de mon sommeil ce matin à six heures et demie!

5. Moi, j'habite à la campagne, c'est le _____ des oiseaux qui me réveille!

3 **Questions** Écrivez des questions.

    1. *Les feuilles* tombent des arbres en automne.

_____

_____

    2. *Le chant d'un oiseau* lui plaît.

_____

_____

    3. *Cette sirène* fait beaucoup de bruit.

_____

_____

    4. Tout le monde déteste *le bruit du marteau-piqueur.*

_____

_____

    5. Il a souffert d'*une perte d'audition.*

_____

_____

Lecture

4 **L'oreille** Expliquez ce que veulent dire les phrases suivantes.

    1. «Nos oreilles fonctionnent sans cesse.»

_____

_____

_____

    2. «Notre oreille veille à notre sécurité.»

_____

_____

_____

_____

5 **Personnellement** Vous êtes pour ou contre le baladeur? Donnez votre opinion.

_____

_____

_____

_____

_____

_____

_____

_____

_____

Vocabulaire pour la lecture

Bouger pour être en forme

6 **Bouger pour être en forme** Vrai ou faux?

1. _____ Il faut avoir une bicyclette si on veut courir très vite.

2. _____ Il faut avoir une épée si on veut faire de l'escrime.

3. _____ Il faut avoir une piscine si on veut faire des longueurs.

4. _____ Il faut aller au gymnase si on veut faire des étirements.

5. _____ Il faut disputer un match si on veut être victorieux.

Lecture

7 **Bouger pour être en forme** Nommez au moins deux sports pour chaque catégorie.

1. les sports qui réveillent _____

2. les sports techniques _____

3. les sports qui défoulent _____

4. les sports qui relaxent _____

Structure avancée

Les pronoms interrogatifs et démonstratifs

8 **Préférences** Complétez.

1. —_____ des ces deux voitures est-ce que tu préfères?

   —Je préfère _____.

2. —_____ de ces deux modèles est-ce que tu préfères?

   —Je préfère _____.

3. —De toutes ces fleurs, _____ est-ce qu'elle préfère?

   —Elle préfère _____.

4. —Je pense acheter un de ces tableaux. _____ est-ce que

   vous préférez, _____ ou _____?

   —Moi, je préfère _____.

5. —_____ de ces livres est-ce qu'ils ont lus? Ils ont lu

   _____ qui les intéressaient.

9 **Mes cousins** Complétez avec une forme de **celui de / qui / que / dont.**

1. Hier je suis allé au magasin où j'ai acheté des cadeaux pour mes deux cousins qui

   ont le même anniversaire. _____ vous connaissez, c'est

   Henri. _____ habite à Londres s'appelle Richard. Vous

   n'avez pas fait la connaissance de Richard, n'est-ce pas?

2. Je leur ai acheté des chemises. _____ est sur la table est

   pour Henri et _____ vous voyez là dans cette boîte est

   pour Richard.

3. _____ Henri a des manches longues et

   _____ Richard a des manches courtes.

4. Les parents de ces deux cousins sont _____ habitent le

   même village que vos parents?

5. Non, non. Richard et Henri ne sont pas frères. _____

   vous connaissez, Henri, est le fils de mon oncle Gérard, et l'autre,

   _____ je vous parle assez souvent, c'est le fils de ma

   tante Carole.

Les pronoms possessifs

10 **Avant le voyage** Complétez avec un pronom possessif.

—Ce billet sur la table, c'est _____?

 $\quad\quad$ 1

—Oui, c'est le tien.

—Et nos valises, où sont-elles?

—Mes valises à moi sont dans ma chambre, mais je n'ai pas vu

_____.

 $\quad\quad$ 2

—Tu n'as pas vu _____? Je suis sûre que je les ai mises

 $\quad\quad$ 3

dans ta chambre.

—Tu as tort. Il n'y a que _____ dans ma chambre.

 $\quad\quad$ 4

11 **Une famille de lecteurs** Récrivez les phrases avec un pronom possessif.

1. Vous avez une grande bibliothèque. *Notre bibliothèque* n'est pas si grande.

_____

_____

2. J'aime notre bibliothèque, mais je suis très impressionné par *votre bibliothèque.*

_____

_____

3. Les Dupont ne vont jamais à la bibliothèque pour emprunter des livres car ils préfèrent *leurs livres.*

_____

_____

4. Lesquels préférez-vous: les livres des Dupont ou *vos livres?*

_____

_____

12 **Chassez le stress.** Lisez l'article suivant qui a paru dans *Okapi*.

CHASSEZ
LE STRES

Vous rongez vos ongles, vous êtes d'une humeur de chien, vous dormez mal? Vous êtes peut-être simplement stressé. Pour que tout revienne dans l'ordre, c'est simple: reposez-vous!

Relaxez-vous!

Si vous êtes tendu, occupez-vous de votre corps: apprenez à vous relaxer. Enlevez vos chaussures, et allongez-vous sur le dos, les yeux fermés, les pieds écartés, les paumes des mains tournées vers le plafond. Pensez à votre jambe droite. Dites-vous qu'elle est lourde, et pensez-y jusqu'à ce que vous la sentiez vraiment lourde. Faites la même chose avec l'autre jambe, puis avec vos bras, votre tête.

Anticipez!

Posez-vous des questions toutes bêtes: quels sont les jours où tout va mal? Le lundi matin? Les jours de pluie? Lorsque vous voyez Tante Adèle? Cet interrogatoire peut vous aider à prévoir vos angoisses et à réagir au quart de tour. Ces jours-là, gâtez-vous: portez des vêtements de couleurs vives, restez plus longtemps dans votre bain, mangez du chocolat, relisez des B. D. au lit...

Parlez-en!

Ne gardez pas vos angoisses pour vous. Parlez-en à quelqu'un qui saura vous aider, ou simplement vous écouter. Si vous redoutez d'en parler, jetez tout ce que vous avez à dire sur un papier. Défoulez-vous, comme si vous vouliez hurler votre rage: vous allez mettre une distance entre vos angoisses et vous...

13 **Comment dit-on?** Trouvez l'équivalent en français des expressions ou mots suivants dans l'article.

    1. you bite your nails _____

    2. a really bad mood _____

    3. take off your shoes _____

    4. the palms of your hand _____

    5. stupid _____

    6. spoil yourself _____

    7. your anxieties, fears _____

    8. unwind, let off steam _____

14 **Le stress** Écrivez une liste des symptômes du stress.

_____

_____

_____

_____

_____

15 **Plus de stress!** Écrivez tout ce qu'on doit faire pour chasser ou éviter le stress.

_____

_____

_____

_____

_____

_____

_____

Leçon 1: Culture

Vocabulaire pour la lecture

1 **Quel est le mot?** Répondez.

1. Qu'est-ce qu'on fait à la bibliothèque?

   _____

2. Qui établit une monarchie?

   _____

3. Qu'est-ce qu'il y a à l'extérieur du centre Pompidou?

   _____

4. Beaucoup de ces tuyaux sont peints en rouge?

   _____

5. François Mitterrand a été roi de France?

   _____

6. L'avenue des Champs-Élysées est étroite?

   _____

7. Est-ce que l'Eurotunnel relie la France et l'Angleterre?

   _____

8. Y a-t-il des rues piétonnières dans la vieille ville?

   _____

Lecture

2 **Hier et aujourd'hui** Décrivez.

1. les Gaulois

_____

_____

2. Vercingétorix

_____

_____

3. Jeanne d'Arc

_____

_____

4. ce dont la France fait partie maintenant

_____

_____

5. les paysages de France

_____

_____

6. le pont du Gard

_____

_____

7. l'Eurotunnel

_____

_____

8. l'Eurostar

_____

_____

3 **Les sciences, les lettres et les arts** Écrivez une phrase qui décrit...

1. le musée Pasteur _____

_____

2. le musée Marie Curie _____

_____

3. le professeur Montagnier _____

_____

4. l'INSERM _____

_____

5. Victor Hugo _____

_____

6. la cathédrale de Chartres _____

_____

7. l'Institut du monde arabe _____

_____

8. le Louvre _____

_____

9. le centre Georges-Pompidou _____

_____

4 **L'exception culturelle française** Répondez. Que fait l'État pour défendre la langue et la culture françaises?

_____

_____

_____

_____

_____

_____

Structure-Révision

Le **faire** causatif

 Pas moi-même Répondez aux questions selon le modèle.

Modèle: —Vous lavez votre voiture vous-même?
—Non, je la fais laver.

1. Vous plantez vos fleurs vous-même?

   _____

2. Vous lavez vos vêtements vous-même?

   _____

3. Vous avez réparé les tuyaux vous-même?

   _____

4. Vous avez installé l'électricité vous-même?

   _____

5. Vous vous coupez les cheveux vous-même?

   _____

6 **Au passé** Mentionnez cinq choses que vos parents vous ont fait faire.

1. _____

2. _____

3. _____

4. _____

5. _____

7 **Maintenant** Mentionnez cinq choses qu'ils vous font faire maintenant.

1. _____

2. _____

3. _____

4. _____

5. _____

8 **Les élèves** Qu'est-ce que le prof de français vous fait faire?

1. _____

_____

2. _____

_____

3. _____

_____

4. _____

_____

5. _____

_____

Leçon 2: Conversation

Vocabulaire pour la conversation

1 **Quel est le mot?** Qu'est-ce qui correspond à la définition?

1. _____ la Grande Arche

2. _____ le vertige

3. _____ lourd

4. _____ serrés

5. _____ un coup d'œil

6. _____ une entreprise

7. _____ léger

8. _____ dire du mal de quelqu'un

a. quelque chose qui pèse 100 tonnes

b. quelque chose qui pèse 1 gramme

c. un monument dans le quartier de la Défense

d. placés tout près les uns des autres

e. une sensation de malaise ou la peur de tomber dans le vide

f. un regard très rapide

g. synonyme de «une compagnie»

h. dire des choses contre quelqu'un

Conversation

2 **Visite à la Grande Arche** Répondez.

Vous aimeriez visiter la Grande Arche? Expliquez votre réponse.

_____

_____

_____

_____

3 **La Grande Arche de la Défense** Lisez les renseignements suivants tirés d'une brochure touristique sur la Grande Arche.

LE TOIT DE LA GRANDE ARCHE

LA GRANDE ARCHE DE LA DÉFENSE

■Conçue par l'architecte danois J.O. von Spreckelsen, lauréat du concours international organisé en 1982, la Grande Arche pose à la proue de la Défense un nouveau jalon sur l'axe historique qui, de la Cour Carrée du Louvre à l'Arc de Triomphe, a fait le prestige de Paris.

La Grande Arche est un grand cube monolithique recouvert de marbre de 112 m d'arête ouvert posé sur 12 piles.

Le vide intérieur du cube a une largeur égale à celle des Champs-Élysées de mur à mur et pourrait, de par ses dimensions (90 m de haut - 70 m de large et 70 m de profondeur), abriter Notre-Dame et sa flèche.

Un immense toit-terrasse, le Toit de la Grande Arche, de plus d'un hectare, relie les parois en partie haute. Les différentes salles de réunion et de conférence sont éclairées par quatre patios de 400 m² chacun: la surface du sol des patios représentant la carte du ciel a été conçue et dessinée par l'artiste contemporain Jean-Pierre Raynaud. Les ascenseurs panoramiques desservent le toit en partant du plateau, en haut des emmarchements pour arriver dans une des cinq grandes salles qui composent les espaces d'exposition du toit.

Le visiteur accède au belvédère par ces ascenseurs panoramiques d'où il pourra observer, d'un seul coup d'œil, l'alignement parfait hérité de l'histoire: l'Arc de Triomphe, les Champs-Élysées, l'Obélisque de la Concorde et, derrière les jardins des Tuileries, la Cour Carrée du Louvre, et découvrir un second axe: celui de la Tour Eiffel et de la Tour Montparnasse.

Les deux parois latérales (87000 m² de surface de bureaux) abritent l'une, le Ministère de l'Équipement, des Transports et de la Mer, l'autre, des entreprises de renommée internationale.

4 **Questions** Répondez d'après l'article.

1. Qui a conçu la Grande Arche?

_____

_____

2. Qu'est-ce que la Grande Arche?

_____

_____

3. Quelle largeur a le vide intérieur de la Grande Arche?

_____

_____

4. Que pourrait abriter ce vide?

_____

_____

5. Qu'est-ce qu'il y a sur le toit de la Grande Arche?

_____

_____

6. Comment peut-on y arriver?

_____

_____

7. Qu'est-ce que le visiteur peut observer du toit?

_____

_____

Structure-Révision

L'infinitif passé

5 **Avant ou après l'avoir fait** Complétez avec l'infinitif passé.

1. Il a fallu que je parte avant d'_____ mon travail. (finir)

2. Mais j'ai continué à travailler chez moi et j'ai fini mon projet à minuit. Je suis content de l'_____. (finir)

3. Quel dommage! Il a quitté Paris sans _____ la Grande Arche. (visiter)

4. Je regrette d'_____ avant la fin du spectacle parce que tous mes amis m'ont dit que la dernière scène était la meilleure. (partir)

5. Il savait ce qu'il y avait dans l'enveloppe sans l'_____. (ouvrir)

6 **Après** Continuez selon le modèle.

Modèle: J'ai fini mon travail.
Après avoir fini mon travail, je suis rentrée chez moi.

1. Je suis rentrée chez moi.

_____

2. Je me suis fait à manger.

_____

3. J'ai regardé le journal télévisé.

_____

4. J'ai pris un bain.

_____

5. Je me suis couchée.

_____

6. J'ai lu un magazine.

_____

7. Je me suis endormie. J'ai fait de beaux rêves!

_____

Leçon 3: Journalisme

Vocabulaire pour la lecture

Non, Napoléon n'a pas été empoisonné

1 **Quel est le mot?** Utilisez chaque mot dans une phrase.

1. une mèche de cheveux _____

_____

2. une revue _____

_____

3. s'informer _____

_____

4. une enquête _____

_____

5. une île _____

_____

Lecture

2 **Napoléon** Répondez.

1. D'après une récente enquête, de quoi Napoléon est-il mort?

_____

2. Pourquoi la thèse de l'empoisonnement existait-elle toujours?

_____

3. Pour quoi employait-on l'arsenic au dix-neuvième siècle?

_____

4. Sur quoi les médecins sont-ils d'accord?

_____

5. Sur quoi les médecins ne se sont-ils pas mis d'accord?

_____

Nom _____ Date _____

Vocabulaire pour la lecture

Festivals en France

 Quel est le mot? Répondez.

1. Quel est un métal précieux? _____

   _____

2. Qui est le chef de l'Église catholique? _____

   _____

3. Qu'est-ce qu'un mur peint? _____

   _____

4. Quelle est la différence entre un court-métrage et un long-métrage?

   _____

   _____

5. Qu'est-ce qui existe entre de bons amis? _____

   _____

Lecture

 Festivals Indiquez où a lieu chaque festival.

1. Un festival de théâtre concernant le théâtre, la danse, le cinéma, le théâtre-musical

   et l'audiovisuel qui a lieu au mois de juillet. _____

2. Un festival au mois d'avril qui célèbre la musique en tous genres.

   _____

3. Un festival qui concerne les films et l'art cinématographique.

   _____

4. Un festival au mois de juillet pour les musiciens de jazz.

   _____

5. Un festival où se réunissent au mois de janvier les artistes et les éditeurs de

   bandes dessinées du monde entier. _____

Structure avancée

Les prépositions avec les pronoms relatifs

5 **Je t'ai parlé de cela.** Complétez.

1. C'est la femme _____ je t'ai parlé l'autre jour.

2. Elle m'a parlé de la ville _____ elle habite.

3. Le magasin à côté _____ elle habite a beaucoup de clients.

4. C'est le magasin _____ je me suis adressé quand je cherchais du travail.

5. C'était un poste pour _____ j'aurais eu beaucoup à faire.

6. Je crois que c'est la femme avec _____ j'ai parlé au magasin.

6 **Combinez.** Faites une seule phrase.

1. Ils ont réalisé un film. Ils ont obtenu un prix à Cannes pour ce film.

_____

_____

2. Cet acteur a un bracelet fétiche. Il ne se sépare jamais de ce bracelet.

_____

_____

3. Nous faisons une fête. Vous êtes tous invités à cette fête.

_____

_____

4. Il y a un grand parc. Nous nous promenons souvent dans ce parc.

_____

_____

Le futur antérieur

7 **Au futur** Complétez avec le futur antérieur.

1. Dès que tu _____, téléphone-moi.
(commencer)

2. Quand il t'_____, tu me diras ce qui va
se passer. (parler)

3. Lorsque je _____ à Paris, je pourrai
l'acheter. (arriver)

4. Aussitôt que vous _____ une décision,
vous pourrez m'en informer. (prendre)

8 **Avant le week-end** Faites une liste de cinq choses que vous aurez faites avant la fin
de cette semaine.

1. _____

2. _____

3. _____

4. _____

5. _____

Le participe présent et le gérondif

9 **En même temps** Complétez.

1. Je les ai vus en _____. (sortir)

2. Il chante toujours en _____ sa douche. (prendre)

3. Elle a réussi en _____ beaucoup de travail. (faire)

4. Toutes les personnes _____ déjà des places peuvent
passer. (avoir)

5. L'acteur _____ tellement célèbre, tout le monde veut
le voir. (être)

6. Le train _____ Paris et Bordeaux part toutes les deux
heures. (relier)

Nom _____ Date _____

10 **Au contraire** Donnez le contraire des phrases suivantes selon le modèle.

Modèle: Elle a dit bonjour sans sourire.
Elle a dit bonjour en souriant.

1. Ils discutent sans crier.

_____

_____

2. Elle parle sans pleurer.

_____

_____

3. Ils sont partis sans dire au revoir à tout le monde.

_____

_____

4. Elle est sortie sans fermer la porte.

_____

_____

5. Ils se sont quittés sans se retourner.

_____

_____

Audio Activities

Leçon 1: Culture

Vocabulaire pour la lecture

Activité 1 **Écoutez et répétez.**

Activité 2 **Écoutez et choisissez.**

	1.	2.	3.	4.	5.	6.	7.	8.
la mer								
la montagne								
les deux								

Activité 3 **Écoutez et choisissez.**

1. Les voyages forment la jeunesse.
   a   b   c

2. La Martinique et la Guadeloupe sont des destinations fort prisées des Français et des Américains.
   a   b   c

3. À Québec, vous devez flâner dans les ruelles pittoresques de la vieille ville.
   a   b   c

4. Tombouctou a la réputation d'être inaccessible.
   a   b   c

5. La France vous offre toute une gamme de possibilités pour les vacances.
   a   b   c

6. Hors de l'Europe, les Français préfèrent l'Afrique du Nord.
   a   b   c

Activité 4 **Écoutez et choisissez.**

	1.	2.	3.	4.	5.	6.	7.	8.	9.	10.
hier										
maintenant										

Activité 5 **Écoutez et répondez.**

Leçon 2: Conversation

Activité 1 **Écoutez et répétez.**

Activité 2 **Écoutez et choisissez.**

	1.	2.	3.	4.	5.	6.
dans un taxi						
à la gare						
à l'aéroport						

Activité 3 **Écoutez.**

Activité 4 **Écoutez et choisissez.**

1. a b c

2. a b c

3. a b c

4. a b c

5. a b c

6. a b c

7. a b c

8. a b c

Activité 5 **Écoutez et répondez.**

Activité 6 **Écoutez et répondez.**

Leçon 3: Journalisme

Activité 1   Écoutez et répétez.

Activité 2   Écoutez et choisissez.

	1.	2.	3.	4.	5.	6.	7.	8.
possible								
pas possible								

Activité 3   Écoutez et choisissez.

	1.	2.	3.	4.	5.	6.	7.	8.
Il va faire beau.								
Il va faire mauvais.								

Activité 4   Écoutez et répétez.

Activité 5   Écoutez et choisissez.

	1.	2.	3.	4.	5.	6.
vrai						
faux						

Activité 6   Écoutez et cochez.

_____ le voyage

_____ la chambre

_____ les boissons

_____ les souvenirs

_____ la piscine

_____ le tennis

_____ les pédalos

_____ les catamarans

_____ les VTT

_____ le ski nautique

Activité 7 Écoutez et répondez.

Activité 8 Écoutez et répondez.

Activité 9 Écoutez et répondez.

Activité 10 Écoutez.

Activité 11 Écrivez et cochez.

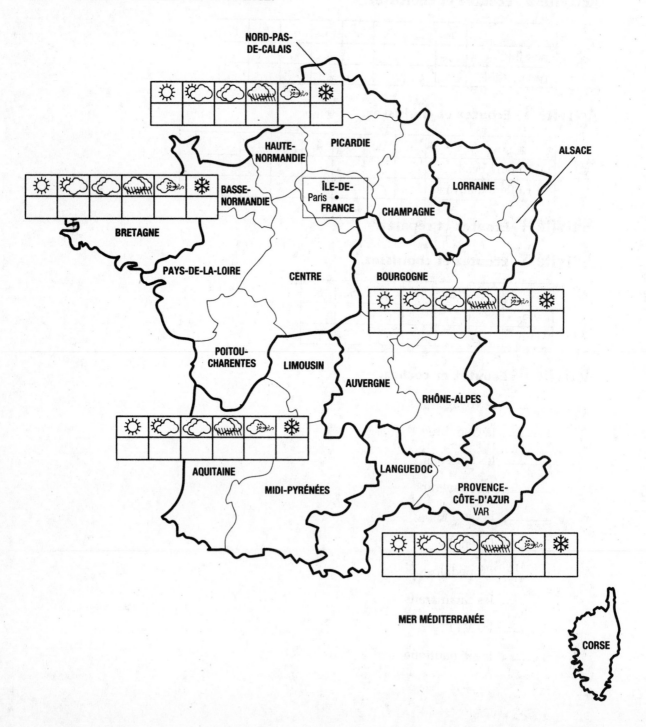

Audio Activities

Leçon 1: Culture

Activité 1 Écoutez et répétez.

Activité 2 Écoutez et choisissez.

_____ persuader

_____ un endroit où on danse

_____ ce qui n'est pas vrai

_____ ne pas être content

_____ une machine pour jouer à des jeux vidéos

_____ désappointé

_____ ce qu'on peut dépenser pour ses loisirs

_____ une histoire en dessins

_____ un téléphone qu'on peut emmener avec soi

_____ les actualités à la radio

Activité 3 Écoutez et choisissez.

1. a b c
2. a b c
3. a b c
4. a b c
5. a b c
6. a b c

Activité 4 Écoutez et choisissez.

1. Les jeunes de 15 à 17 ans disposent environ de 85 euros par mois.
   a b c

2. Si les jeunes n'avaient ni radio ni télé, la radio leur manquerait plus que la télé.
   a b c

3. Il est important de se tenir informé de l'actualité.
   a b c

4. Leur désir d'indépendance ne fait aucun doute.
   a b c

5. Ils attendent beaucoup de l'amitié.
   a b c

Activité 5 Écoutez et répondez.

Activité 6 Écoutez et répondez.

Leçon 2: Conversation

Activité 1 **Écoutez et répétez.**

Activité 2 **Écoutez et choisissez.**

	1.	2.	3.	4.	5.	6.	7.	8.
vrai								
faux								

Activité 3 **Écoutez.**

Activité 4 **Écoutez et choisissez.**

    1. a   b   c

    2. a   b   c

    3. a   b   c

    4. a   b   c

    5. a   b   c

    6. a   b   c

    7. a   b   c

    8. a   b   c

    9. a   b   c

  10. a   b   c

Activité 5 **Écoutez et choisissez.**

	1.	2.	3.	4.	5.	6.	7.	8.
affirmative								
négative								

Activité 6 **Écoutez et répondez.**

Activité 7 **Écoutez et répondez.**

Activité 8 **Écoutez et répondez.**

Activité 9 **Écoutez et répondez.**

Audio Activities

Leçon 3: Journalisme

Activité 1 **Écoutez et répétez.**

Activité 2 **Écoutez et choisissez.**

	1.	2.	3.	4.	5.	6.	7.	8.
vrai								
faux								

Activité 3 **Écoutez et choisissez.**

_____ comme ça

_____ à toute à l'heure

_____ la famille

_____ aimer

_____ un garçon

_____ bavarder

_____ une femme

_____ les parents

_____ comme d'habitude

_____ la mère

Activité 4 **Écoutez et choisissez.**

	1.	2.	3.	4.	5.	6.
vrai						
faux						

Activité 5 **Écoutez et répétez.**

Activité 6 Écoutez et choisissez.

	1.	2.	3.	4.	5.	6.
vrai						
faux						

Activité 7 Écoutez et choisissez.

1. De nos jours, chacun doit se débrouiller seul, que l'on soit garçon ou fille.
   a   b   c

2. Ça me gênerait, pour m'acheter un vêtement, de demander à mon mari.
   a   b   c

3. C'est dommage d'attribuer aux sexes des tâches spécifiques.
   a   b   c

4. Je mets les hommes et les femmes sur un pied d'égalité.
   a   b   c

5. J'ai eu un parcours facile.
   a   b   c

Activité 8 Écoutez et répondez.

Activité 9 Écoutez et répondez.

Activité 10 Écoutez et répondez.

Activité 11 Écoutez et répondez.

Activité 12 Écoutez et répondez.

Activité 13 Écoutez.

Activité 14 Écoutez et cochez.

_____ L'instituteur fait des additions.

_____ L'enfant fait des additions.

_____ Un oiseau vole dans le ciel.

_____ L'oiseau entre dans la classe.

_____ L'oiseau joue avec l'enfant.

_____ L'oiseau chante.

_____ L'enfant parle au professeur.

_____ La salle de classe n'existe plus.

Activité 15 Écoutez et lisez.

PAGE D'ÉCRITURE

Deux et deux quatre
quatre et quatre huit
huit et huit font seize...
Répétez! dit le maître
Deux et deux quatre
quatre et quatre huit
huit et huit font seize.
Mais voilà l'oiseau-lyre°   l'oiseau-lyre *lyrebird*
qui passe dans le ciel
l'enfant le voit
l'enfant l'entend
l'enfant l'appelle:
Sauve-moi!
joue avec moi
oiseau!
Alors l'oiseau descend
et joue avec l'enfant
Deux et deux quatre...
Répétez! dit le maître
et l'enfant joue
l'oiseau joue avec lui...
Quatre et quatre huit
huit et huit seize
et seize et seize qu'est-ce qu'ils font?
Ils ne font rien seize et seize
et surtout pas trente-deux
de toute façon
et ils s'en vont.
Et l'enfant a caché l'oiseau
dans son pupitre
et tous les enfants
entendent sa chanson
et tous les enfants
entendent la musique
et huit et huit à leur tour s'en vont
et quatre et quatre et deux et deux
à leur tour fichent le camp°   fichent le camp
et un et un ne font ni une ni deux   *"split," "beat it"(dis-*
un à un s'en vont également.   *appear)*
Et l'oiseau-lyre joue
et l'enfant chante
et le professeur crie:
Quand vous aurez fini de faire le pitre!°   Quand vous aurez
                                               fini de faire le pitre!
                                               Stop fooling around!

Mais tous les autres enfants
écoutent la musique
et les murs de la classe
s'écroulent° tranquillement.   s'écroulent *crumble*
Et les vitres redeviennent sable
l'encre redevient eau
les pupitres redeviennent arbres
la craie redevient falaise°   falaise *cliff*
le porte-plume redevient oiseau.

Leçon 1: Culture

Activité 1 Écoutez et répétez.

Activité 2 Écoutez et choisissez.

	1.	2.	3.	4.	5.	6.	7.	8.
une activité sportive								
une activité pas sportive								

Activité 3 Écoutez et choisissez.

1. a   b   c
2. a   b   c
3. a   b   c
4. a   b   c
5. a   b   c
6. a   b   c

Activité 4 Écoutez et choisissez.

1. Dans la vie d'un Français, le temps libre est trois fois plus long que le temps de travail.
   a   b   c

2. Le loisir n'est plus une récompense, mais une activité.
   a   b   c

3. Les plus âgés des Français sont encore très sensibles à cette notion de mérite.
   a   b   c

4. Les sportifs en chambre sont très nombreux.
   a   b   c

5. Certains sports comme le golf ou le deltaplane ont de plus en plus d'adeptes.
   a   b   c

6. On constate une spectaculaire progression de l'écoute de la musique.
   a   b   c

7. Les Français sont très sensibles à la beauté de leur patrimoine.
   a   b   c

8. Le lieu de loisir par excellence, c'est le café.
   a   b   c

Activité 5 Écoutez et choisissez.

	1.	2.	3.	4.	5.	6.	7.	8.
une fois								
d'habitude								

Leçon 2: Conversation

Activité 1 Écoutez et répétez.

Activité 2 Écoutez et choisissez.

	1.	2.	3.	4.	5.	6.
un acteur/une actrice						
un spectateur/une spectatrice						

Activité 3 Écoutez.

Activité 4 Écoutez et choisissez.

1. a b c

2. a b c

3. a b c

4. a b c

5. a b c

6. a b c

7. a b c

8. a b c

Activité 5 Écoutez et répondez.
Modèle:

Philippe   Serge

1.

Christine Valérie

2.

Anne   Paul

3.

Bertrand Caroline

4.

Camille Élodie

5.

Pompon Minou

6.

Roger Alain

Activité 6 Écoutez et répondez.

Modèle:

Michel

Laure   Sylvie   Jean

1. Jacques

Paul

Nathalie

2.

Pierre

Christophe

Alain

Jean-Luc

3.

Cybèle

4.

Jean et Mohammed

5.

Janine et
Maryse

Catherine

6.

Georges
Annie

Joël

Denise

Leçon 3: Journalisme

Activité 1 Écoutez et répétez.

Activité 2 Écoutez et choisissez.

	1.	2.	3.	4.	5.
vrai					
faux					

Activité 3 Écoutez et choisissez.

1. Je suis devenue chanteuse par nécessité.
   a   b   c

2. Nous ne sentons aucune obligation l'une envers l'autre.
   a   b   c

3. Nous ne sommes pas des découvertes.
   a   b   c

4. Une chanson a plus de poids qu'un discours.
   a   b   c

Activité 4 Écoutez et répétez.

Activité 5 Écoutez et choisissez.

_____   _____

_____

Activité 6 Écoutez et choisissez.

	1.	2.	3.	4.	5.	6.	7.	8.
chantiers bénévoles								
job au pair								
stage								
camping								

Activité 7 Écoutez et répondez.

Activité 8 Écoutez et répondez.

Activité 9 Écoutez et répondez.

Audio Activities

Activité 10 Écoutez et lisez.

MAITRE DE PHILOSOPHIE:	Que voulez-vous donc que je vous apprenne?
MONSIEUR JOURDAIN:	Apprenez-moi l'orthographe.
MAITRE DE PHILOSOPHIE:	Très volontiers.
MONSIEUR JOURDAIN:	Après, vous m'apprendrez l'almanach, pour savoir quand il y a de la lune et quand il n'y en a point.
MAITRE DE PHILOSOPHIE:	Soit. Pour bien suivre votre pensée et traiter cette matière en philosophe, il faut commencer, selon l'ordre des choses, par une exacte connaissance de la nature des lettres et de la différente manière de les prononcer toutes. Et là-dessus j'ai à vous dire que les lettres sont divisées en voyelles, ainsi dites voyelles parce qu'elles expriment les voix; et en consonnes, ainsi appelées consonnes parce qu'elles sonnent avec les voyelles, et ne font que marquer les diverses articulations des voix. Il y a cinq voyelles ou voix: A, E, I, O, U.
MONSIEUR JOURDAIN:	J'entends tout cela.
MAITRE DE PHILOSOPHIE:	La voix A se forme en ouvrant fort la bouche: A.
MONSIEUR JOURDAIN:	A, A, oui.
MAITRE DE PHILOSOPHIE:	La voix E se forme en rapprochant la mâchoire d'en bas de celle d'en haut: A, E.
MONSIEUR JOURDAIN:	A, E; A, E. Ma foi, oui. Ah! que cela est beau!
MAITRE DE PHILOSOPHIE:	Et la voix I, en rapprochant encore davantage les mâchoires l'une de l'autre, et écartant les deux coins de la bouche vers les oreilles: A, E, I.
MONSIEUR JOURDAIN:	A, E, I, I, I, I. Cela est vrai. Vive la science!
MAITRE DE PHILOSOPHIE:	La voix O se forme en rouvrant les mâchoires et rapprochant les lèvres par les deux coins, le haut et le bas: O.
MONSIEUR JOURDAIN:	O, O. Il n'y a rien de plus juste. A, E, I, O, I, O. Cela est admirable! I, O, I, O.
MAITRE DE PHILOSOPHIE:	L'ouverture de la bouche fait justement comme un petit rond qui représente un O.
MONSIEUR JOURDAIN:	O, O, O. Vous avez raison. O. Ah! la belle chose que de savoir quelque chose!
MAITRE DE PHILOSOPHIE:	La voix U se forme en rapprochant les dents sans les joindre entièrement, et allongeant les deux lèvres en dehors, les approchant aussi l'une de l'autre sans les joindre tout à fait: U.
MONSIEUR JOURDAIN:	U, U. Il n'y a rien de plus véritable, U.

MAITRE DE PHILOSOPHIE:	Vos deux lèvres s'allongent comme si vous faisiez la moue, d'où vient que, si vous la voulez faire à quelqu'un et vous moquer de lui, vous ne sauriez lui dire que U.
MONSIEUR JOURDAIN:	U, U. Cela est vrai. Ah! que n'ai-je étudié plus tôt pour savoir tout cela!
MAITRE DE PHILOSOPHIE:	Demain nous verrons les autres lettres, qui sont les consonnes.
MONSIEUR JOURDAIN:	Est-ce qu'il y a des choses aussi curieuses qu'à celles-ci?
MAITRE DE PHILOSOPHIE:	Sans doute. La consonne D, par exemple, se prononce en donnant du bout de la langue au-dessus des dents d'en haut: DA.
MONSIEUR JOURDAIN:	DA, DA. Oui. Ah! les belles choses! les belles choses!
MAITRE DE PHILOSOPHIE:	L'F, en appuyant les dents d'en haut sur la lèvre de dessous: FA.
MONSIEUR JOURDAIN:	FA, FA. C'est la vérité. Ah! mon père et ma mère, que je vous veux de mal!
MAITRE DE PHILOSOPHIE:	Et l'R, en portant le bout de la langue jusqu'au haut du palais; de sorte, qu'étant frôlée par l'air qui sort avec force, elle lui cède et revient toujours au même endroit, faisant une manière de tremblement: R, ra.
MONSIEUR JOURDAIN:	R, r, ra; R, r, r, r, r, ra. Cela est vrai. Ah! l'habile homme que vous êtes! et que j'ai perdu de temps! R, r, r, ra.
MAITRE DE PHILOSOPHIE:	Je vous expliquerai à fond toutes ces curiosités.

Activité 11 Écoutez et jouez votre rôle.

Leçon 1: Culture

Activité 1 Écoutez et répétez.

Activité 2 Écoutez et choisissez.

	1.	2.	3.	4.	5.	6.	7.	8.
vrai								
faux								

Activité 3 Écoutez et choisissez.

1. Il y a des pays où le français est la langue d'usage.
   a   b   c

2. Le français favorise l'accès à la modernité.
   a   b   c

3. Une «lingua franca» telle que le français est utile sur le plan politique et économique.
   a   b   c

4. Les croyances et les traditions religieuses sont transmises de génération en génération par voie orale.
   a   b   c

5. Chaque membre de la famille a un sens très fort de ses devoirs et de ses responsabilités.
   a   b   c

6. Le diamou se transmet par le père avec son ethnie.
   a   b   c

Activité 4 Écoutez et répondez.

Activité 5 Écoutez et répondez.

Activité 6 Écoutez et choisissez.

1. a. Oui, je lui écris souvent.   b. Oui, j'y écris souvent.

2. a. Oui, je lui obéis toujours.   b. Oui, j'y obéis toujours.

3. a. Oui, je leur réponds toujours.   b. Oui, j'y réponds toujours.

4. a. Oui, je lui obéis toujours.   b. Oui, j'y obéis toujours.

5. a. Oui, je lui réponds toujours.   b. Oui, j'y réponds toujours.

Leçon 2: Conversation

Activité 1 Écoutez et répétez.

Activité 2 Écoutez et choisissez.

	1.	2.	3.	4.	5.	6.
vrai						
faux						

Activité 3 Écoutez.

Activité 4 Écoutez et choisissez.

1. a b c
2. a b c
3. a b c
4. a b c
5. a b c
6. a b c
7. a b c

Activité 5 Écoutez et choisissez.

	1.	2.	3.	4.	5.	6.	7.	8.
maintenant								
à l'avenir								

Activité 6 Écoutez et répondez.

Activité 7 Écoutez et choisissez.

	1.	2.	3.	4.	5.	6.	7.	8.
va arriver								
est possible								

Activité 8 Écoutez et répondez.

Leçon 3: Journalisme

Activité 1   Écoutez et répétez.

Activité 2   Écoutez et choisissez.

	1.	2.	3.	4.	5.	6.	7.
vrai							
faux							

Activité 3   Écoutez et choisissez.

1. Nous... écrivains noirs, nous nous sentons... aussi libres à l'intérieur du français que dans nos langues maternelles.

   a   b   c

2. Il n'est pas question de renier les langues africaines.

   a   b   c

3. Il est question d'exprimer notre authenticité de métis culturels.

   a   b   c

4. Il est... question de se servir de ce merveilleux outil [la langue française] trouvé dans les décombres du colonialisme.

   a   b   c

Activité 4   Écoutez et répétez.

Activité 5   Écoutez et choisissez.

a. _____

e. _____

b. _____

f. _____

g. _____

c. _____

d. _____

h. _____

Audio Activities

Activité 6 Écoutez et choisissez.

1. Nomades dans l'âme, les Touaregs ont toujours été en conflit avec les Noirs sédentaires.
   a   b   c
2. En cas de divorce, la femme repart dans sa famille avec sa tente.
   a   b   c
3. Les forgerons forment une classe à part.
   a   b   c
4. Les Kel-Tedale («ceux de la limite») comptent parmi les derniers véritables nomades touaregs.
   a   b   c
5. Aujourd'hui, la situation n'est pas brillante.
   a   b   c
6. Ces grands nomades ne souhaitaient que le droit à la différence.
   a   b   c

Activité 7 Écoutez et répondez.

Activité 8 Écoutez et choisissez.

	1.	2.	3.	4.	5.	6.	7.	8.
Ça continue.								
C'est fini.								

Activité 9 Écoutez.

HYMNE NATIONAL DU SÉNÉGAL
Léopold Sédar Senghor et Herbert Pepper

Pincez tous vos koras, frappez vos balafons!
Le lion rouge a rugi; le dompteur de la brousse
D'un bond s'est élancé, dissipant les ténèbres
Soleil sur nos terreurs, soleil sur notre espoir.

Debout frères voici l'Afrique rassemblée
Fibres de mon cœur vert, épaule contre épaule,
Mes plus que frères. Ô Sénégalais, debout!
Unissons la mer et les sources, unissons
La steppe et la forêt. Salut Afrique mère.

Activité 10 Écoutez et cochez.

_____ kora

_____ balafon

_____ lion

_____ brousse

_____ soleil

_____ espoir

_____ frère

_____ Afrique

_____ cœur

_____ debout

_____ Sénégalais

_____ mer

_____ source

_____ steppe

_____ forêt

Activité 11 Écoutez et lisez.

Leçon 1: Culture

Activité 1 Écoutez et répétez.

Activité 2 Écoutez et choisissez.

1. a   b   c
2. a   b   c
3. a   b   c
4. a   b   c
5. a   b   c
6. a   b   c

Activité 3 Écoutez et choisissez.

1. La proportion des accidents mortels sur la route reste très élevée.
   a   b   c

2. On enregistre une baisse très sensible des accidents de la route.
   a   b   c

3. Dans l'actualité, beaucoup de quotidiens nationaux ont perdu des lecteurs.
   a   b   c

4. La délinquance varie selon le degré d'urbanisation.
   a   b   c

5. Le nombre des attentats peut varier considérablement en fonction de la situation politique internationale.
   a   b   c

6. Beaucoup de Français préfèrent des informations données à la radio ou au journal télévisé.
   a   b   c

Activité 4 Écoutez et répondez.

Activité 5 Écoutez, répondez et écrivez.

Modèle: perdu_____   volé_____

1. perdu_____   volé_____
2. perdu_____   volé_____
3. perdu_____   volé_____
4. perdu_____   volé_____
5. perdu_____   volé_____
6. perdu_____   volé_____
7. perdu_____   volé_____
8. perdu_____   volé_____
9. perdu_____   volé_____

Leçon 2: Conversation

Activité 1 **Écoutez et répétez.**

Activité 2 **Écoutez et choisissez.**

_____ le voleur

_____ le complice

_____ la victime

_____ le commissariat

_____ un truc

_____ une poche

Activité 3 **Écoutez.**

Activité 4 **Écoutez et choisissez.**

1. a   b   c

2. a   b   c

3. a   b   c

4. a   b   c

5. a   b   c

6. a   b   c

7. a   b   c

Activité 5 **Écoutez et répondez.**

Activité 6 **Écoutez et répondez.**

Activité 7 **Écoutez et répondez.**

Leçon 3: Journalisme

Activité 1 **Écoutez et répétez.**

Activité 2 **Écoutez et choisissez.**

	1.	2.	3.	4.	5.	6.
vrai						
faux						

Activité 3 **Écoutez et choisissez.**

_____ Un «plan de sortie de crise» pour Madagascar

_____ Les médecins maintiennent la grève des gardes

_____ Lutte contre la faim

_____ Un fléau: l'alcoolisme au volant

_____ Le gouvernement s'attaque au chômage

Activité 4 **Écoutez et répétez.**

Activité 5 **Écoutez et choisissez.**

	1.	2.	3.	4.	5.	6.	7.	8.
vrai								
faux								

Activité 6 **Écoutez et choisissez.**

1. Le gentleman-cambrioleur pouvait renoncer aux bijoux si la victime y était trop attachée.

   a   b   c

2. Les causes de la mort de cet homme devront être précisées par l'enquête du Laboratoire central.

   a   b   c

3. Peu de temps après sa naissance, le petit chat avait été confié à un voisin gendarme par sa maîtresse, Mme Martinet.

   a   b   c

4. Le chat est réapparu, deux ans plus tard, après avoir parcouru plus de 1.000 km et avoir franchi une frontière.

   a   b   c

Activité 7 Écoutez et répondez.

1. Il partira, mais il n'a pas assez d'argent.
2. Je partirai, comme ça, il pourra travailler.
3. Nous sortirons ce soir, excepté si elle doit travailler.
4. Elle partira, mais seulement si elle est en forme.
5. J'irai avec lui parce qu'il pourrait se perdre.
6. Nous ne partirons pas si vous ne le savez pas.

Activité 8 Écoutez.

Activité 9 Écoutez et écrivez.

UN JEUNE PRÉVENU S'EST ÉCHAPPÉ

1. Quel jour? _____

2. De quel bâtiment? _____

3. Où s'est-il enfui? _____

   _____

4. A-t-il été rattrapé? _____

5. Quel âge a-t-il? _____

6. Qu'a-t-il fait? _____

7. Pourquoi s'est-il enfui? _____

8. A-t-il eu des complices? _____

Leçon 1: Culture

Activité 1 **Écoutez et répétez.**

Activité 2 **Écoutez et choisissez.**

_____ une famille monoparentale

_____ une alliance

_____ le décès

_____ un mariage civil

_____ l'enterrement

_____ la naissance

_____ en hausse

_____ un prêtre

_____ un faire-part

_____ un rabbin

Activité 3 **Écoutez et choisissez.**

	1.	2.	3.	4.	5.	6.	7.	8.	9.
vrai									
faux									

Activité 4 **Écoutez et répondez.**

Activité 5 **Écoutez et répondez.**

Activité 6 **Écoutez et répondez.**

Leçon 2: Conversation

Activité 1 **Écoutez et répétez.**

Activité 2 **Écoutez et choisissez.**

	1.	2.	3.	4.	5.	6.
vrai						
faux						

Activité 3 **Écoutez.**

Activité 4 **Écoutez et choisissez.**

1. a   b   c
2. a   b   c
3. a   b   c
4. a   b   c
5. a   b   c
6. a   b   c
7. a   b   c
8. a   b   c

Activité 5 **Écoutez.**

Activité 6 **Écoutez et choisissez.**

	1.	2.	3.	4.	5.
vrai					
faux					

Activité 7 **Écoutez et écrivez.**

1. _____
2. _____
3. _____
4. _____
5. _____
6. _____
7. _____
8. _____

Activité 8 **Écoutez et répondez.**

Leçon 3: Journalisme

Activité 1   Écoutez et répétez.

Activité 2   Écoutez et choisissez.

_____ ravie   _____ une crèche

_____ un préjugé   _____ émue

_____ une complicité   _____ une mamie

_____ l'aîné   _____ un papillon

Activité 3   Écoutez et choisissez.

1. C'est une halte-garderie où les enfants cohabitent avec les pensionnaires d'une maison de retraite située au-dessus.
   a   b   c

2. Les enfants ne sont pas étonnés: partager les repas avec leurs aînées fait partie de l'ordre des choses.
   a   b   c

3. Chaque enfant se retrouve à côté d'une mamie et, ensemble, ils réalisent un travail manuel.
   a   b   c

4. Quand les enfants arrivent, le petit écran, fidèle compagnon, est immédiatement délaissé et on se met à parler.
   a   b   c

Activité 4   Écoutez et répétez.

Activité 5   Écoutez et choisissez.

a. _____

b. _____

c. _____

d. _____

e. _____

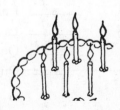

f. _____

Activité 6 Écoutez et choisissez.

_____ le frère du père ou de la mère

_____ les parents des parents

_____ les enfants de l'oncle ou de la tante

_____ les enfants des enfants

_____ l'enfant mâle des parents

_____ l'enfant femelle des parents

_____ la sœur du père ou de la mère

Activité 7 Écoutez et répondez.

Activité 8 Écoutez et répondez.

Activité 9 Écoutez, lisez et répondez.

Modèle: Ils aimeraient partir en vacances pour se reposer.
S'ils partaient en vacances, ils se reposeraient.

1. J'aimerais avoir le temps d'aller au mariage de Jean.
2. Elle aimerait avoir assez d'argent pour aller à Paris.
3. Il aimerait se reposer pour reprendre des forces.
4. Nous aimerions manger quelque chose pour nous sentir mieux.

Activité 10 Écoutez, lisez et répondez.

Modèle: Ils auraient aimé partir en vacances pour se reposer.
S'ils étaient partis en vacances, ils se seraient reposés.

1. J'aurais aimé avoir le temps d'aller au mariage de Jean.
2. Elle aurait aimé avoir assez d'argent pour aller à Paris.
3. Il aurait aimé se reposer pour reprendre des forces.
4. Nous aurions aimé manger quelque chose pour nous sentir mieux.

Activité 11 Écoutez.

Activité 12 Écoutez et cochez.

_____ Cosette est seule avec Jean Valjean.

_____ Cosette et Marius sont auprès de Jean Valjean.

_____ Cosette et Jean Valjean vont partir en voyage.

_____ Jean Valjean va mourir.

_____ La lumière brûle le cœur des hommes.

_____ L'amour est la lumière.

_____ La lumière efface nos vices.

_____ Qui aime Dieu, aime sa femme.

_____ Qui aime sa femme, aime Dieu.

Leçon 1: Culture

Activité 1   **Écoutez et répétez.**

Activité 2   **Écoutez et choisissez.**

	1.	2.	3.	4.	5.	6.	7.	8.	9.	10.
vrai										
faux										

Activité 3   **Écoutez et choisissez.**

1. La société tend à privilégier ceux qui sont en parfaite forme physique.
   a   b   c

2. La santé constitue un atout dans la vie professionnelle et personnelle des Français.
   a   b   c

3. Un million de personnes exercent une profession de santé.
   a   b   c

4. Les médecins se plaignent de leurs conditions de travail et de leur rémunération.
   a   b   c

5. Un Français sur deux fait du sport et c'est peu par rapport à d'autres pays.
   a   b   c

6. La recherche du plaisir est plus importante que celle de la performance.
   a   b   c

7. Des sports tels que le golf, autrefois réservés aux plus aisés, se démocratisent petit à petit.
   a   b   c

8. Depuis une dizaine d'années, les femmes ont réduit leur retard sur les hommes en matières sportives.
   a   b   c

Activité 4   **Écoutez et répondez.**

Activité 5   **Écoutez et répondez.**

Activité 6   **Écoutez et répondez.**

Leçon 2: Conversation

Activité 1 **Écoutez et répétez.**

Activité 2 **Écoutez et choisissez.**

_____ photo de l'intérieur du corps

_____ acte de prendre du sang

_____ ce qu'on mange

_____ qui concerne le cœur

_____ qui concerne les poumons

_____ aller bien

_____ ordonner

_____ la pression du sang

Activité 3 **Écoutez.**

Activité 4 **Écoutez et choisissez.**

1. a   b   c
2. a   b   c
3. a   b   c
4. a   b   c
5. a   b   c

Activité 5 **Écoutez et écrivez.**

1. _____ ne va pas?
2. _____ il a?
3. Dans _____ tu vas mettre tout ça?
4. _____ est en train de parler à Paul?
5. _____ vas-tu faire?
6. _____ lui est arrivé?
7. Avec _____ tu es sorti?
8. _____ tu as vu hier?

Leçon 3: Journalisme

Activité 1 **Écoutez et répétez.**

Activité 2 **Écoutez et choisissez.**

	1.	2.	3.	4.	5.	6.	7.	8.	9.	10.
agréable										
désagréable										

Activité 3 **Écoutez et choisissez.**

	1.	2.	3.	4.	5.	6.	7.
vrai							
faux							

Activité 4 **Écoutez et répétez.**

Activité 5 **Écoutez et choisissez.**

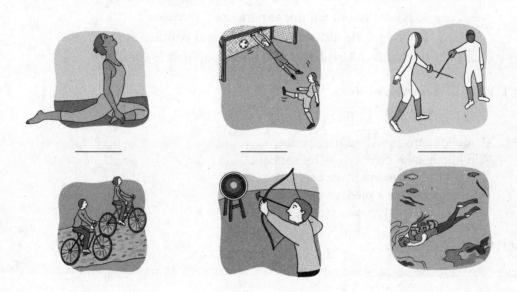

_____   _____   _____

_____   _____   _____

Activité 6 Écoutez et choisissez.

	1.	2.	3.	4.	5.	6.	7.	8.	9.	10.
pour se réveiller										
pour se défouler										
pour se relaxer										

Activité 7 Écoutez et répondez.

Activité 8 Écoutez et répondez.

Activité 9 Écoutez et répondez.

Activité 10 Écoutez.

Activité 11 Écoutez et cochez.

_____ Le *British Medical Journal* est un journal sérieux.

_____ Le nœud papillon est plus joli que la cravate.

_____ Le nœud papillon fait plus important que la cravate.

_____ Le nœud papillon est plus hygiénique que la cravate.

_____ 12 médecins ont fait une expérience *(experiment)*.

_____ Il n'y a pas de différence entre le nœud papillon et la cravate.

_____ Il y a une différence entre le nœud papillon et la cravate.

Activité 12 Écoutez et lisez.

UN KILOMÈTRE À PIED

Un kilomètre à pied, ça use, ça use,
Un kilomètre à pied, ça use les souliers.
Deux kilomètres à pied, ça use, ça use,
Deux kilomètres à pied, ça use les souliers.
Trois kilomètres à pied... etc.

Activité 13 Chantez.

Leçon 1: Culture

Activité 1 *Écoutez et répétez.*

Activité 2 *Écoutez et choisissez.*

	1.	2.	3.	4.	5.	6.	7.	8.	9.	10.
vrai										
faux										

Activité 3 *Écoutez et choisissez.*

1. a   b   c
2. a   b   c
3. a   b   c
4. a   b   c
5. a   b   c
6. a   b   c
7. a   b   c
8. a   b   c

Activité 4 *Écoutez et choisissez.*

	1.	2.	3.	4.	5.	6.	7.	8.
Il l'a fait lui-même								
Il l'a fait faire								

Leçon 2: Conversation

Activité 1 Écoutez et répétez.

Activité 2 Écoutez et choisissez.

	1.	2.	3.	4.	5.	6.	7.
vrai							
faux							

Activité 3 Écoutez.

Activité 4 Écoutez et choisissez.

1. a　　b　　c
2. a　　b　　c
3. a　　b　　c
4. a　　b　　c
5. a　　b　　c
6. a　　b　　c

Activité 5 Écoutez et répondez.

Leçon 3: Journalisme

Activité 1 Écoutez et répétez.

Activité 2 Écoutez et choisissez.

a. _____ le contraire de «mort»
b. _____ un groupe serré de cheveux
c. _____ un magazine littéraire ou scientifique
d. _____ rester dans un liquide
e. _____ ce que fait la police pour trouver un criminel
f. _____ l'ensemble des cheveux
g. _____ de la terre avec de l'eau tout autour

Activité 3 Écoutez et choisissez.

1. a   b   c
2. a   b   c
3. a   b   c
4. a   b   c

Activité 4 Écoutez et répétez.

Activité 5 Écoutez et choisissez.

a. _____ de l'affection entre deux personnes
b. _____ une vaste et somptueuse résidence
c. _____ un métal précieux jaune, blanc ou rose
d. _____ un film de deux heures
e. _____ un film de vingt minutes
f. _____ jouer en public
g. _____ le chef de l'Église catholique
h. _____ un livre qui raconte une histoire en dessin

Activité 6 Écoutez et choisissez.

	1.	2.	3.	4.	5.	6.	7.	8.	9.
Festival de Cannes									
Festival d'Avignon									
Festival B.D.									
Festival de Bourges									
Festival d'Antibes									

Activité 7 Écoutez et écrivez.

1. _____
2. _____
3. _____
4. _____
5. _____
6. _____
7. _____
8. _____

Activité 8 Écoutez et répondez.

Activité 9 Écoutez et répondez.

Activité 10 Écoutez.

Activité 11 Écoutez et cochez.

_____ enfants
_____ Patrie
_____ jour
_____ tyrannie
_____ campagne
_____ soldats
_____ bras
_____ fils
_____ armes
_____ citoyens

Activité 12 Écoutez, lisez... et chantez!

LA MARSEILLAISE

Allons enfants de la Patrie	
Le jour de gloire est arrivé!	
Contre nous, de la tyrannie,	
L'étendard sanglant° est levé,	étendard sanglant *bloody banner*
L'étendard sanglant est levé.	
Entendez-vous dans les campagnes	
Mugir° ces féroces soldats?	mugir *roar*
Ils viennent jusque dans nos bras	
Égorger nos fils, nos compagnes!	
Aux armes, citoyens! Formez vos bataillons!	
Marchons, marchons! Qu'un sang impur	
Abreuve nos sillons°.	Abreuve nos sillons *Soak our fields (furrows)*

Littérature

Le Petit Prince

Activité 1   **Écoutez et répétez.**

Activité 2   **Écoutez et choisissez.**

	1.	2.	3.	4.	5.	6.	7.	8.
vrai								
faux								

Activité 3   **Écoutez.**

Activité 4   **Écoutez et écrivez.**

1. Comment le petit prince trouve-t-il la sixième planète?

   _____

   _____

2. Quelle est la profession du vieux Monsieur?

   _____

   _____

3. Qui fait le compte des villes, des fleuves, des montagnes?

   _____

   _____

4. Qu'est-ce qu'il y a sur la planète du petit prince?

   _____

   _____

5. Quelle planète le géographe conseille-t-il au petit prince de visiter?

   _____

   _____

La Seine

Activité 1 **Écoutez et répétez.**

Activité 2 **Écoutez et choisissez.**

	1.	2.	3.	4.	5.	6.
vrai						
faux						

Activité 3 **Écoutez.**

Activité 4 **Écoutez et écrivez.**

1. Mots qui suggèrent la douceur:

   _____

   _____

2. Mots qui suggèrent le bonheur:

   _____

   _____

Littérature
La Ronde autour du Monde

Activité 1 Écoutez et répétez.

Activité 2 Écoutez et choisissez.

	1.	2.	3.	4.	5.	6.
vrai						
faux						

Activité 3 Écoutez.

Activité 4 Écoutez et choisissez.

	1.	2.	3.	4.
les filles				
les gars				
les gens				

La Symphonie Pastorale

Activité 1 Écoutez et répétez.

Activité 2 Écoutez et choisissez.

_____ aveugle

_____ se retourner

_____ visage

_____ faire plaisir à

_____ lâche

_____ noyé(e)

_____ les passants

_____ laid

_____ inutile

_____ la voix

Activité 3 Écoutez.

Activité 4 Lisez, écoutez et écrivez.

1. Quelle est la question que Gertrude veut poser dès le début de la conversation?

_____

_____

_____

2. Que lui répond d'abord le pasteur?

_____

_____

_____

3. Pourquoi lui dit-il la vérité finalement?

_____

_____

_____

Littérature

Les Feuilles Mortes

Activité 1 **Écoutez et répétez.**

Activité 2 **Écoutez et choisissez.**

_____ la fidélité

_____ un attachement

_____ l'oubli

_____ merci

_____ une disparition

Activité 3 **Écoutez.**

Activité 4 **Lisez, écoutez et choisissez.**

1. _____ Le poète parle à une femme qu'il a aimée.
2. _____ Il lui chantait une chanson.
3. _____ Elle lui chantait une chanson.
4. _____ La vie sépare ceux qui s'aiment.
5. _____ Le poète n'aime plus cette femme.

Littérature
À *mon mari*

Activité 1   **Écoutez et répétez.**

Activité 2   **Écoutez et choisissez.**

_____ préciser

_____ un commandement

_____ une boulette

_____ le cou

_____ une louche

_____ un fétiche

Activité 3   **Écoutez.**

Activité 4   **Écoutez et choisissez.**

	1.	2.	3.	4.	5.	6.	7.	8.	9.	10.
le passé										
le présent										

La réclusion solitaire

Activité 1 Écoutez et répétez.

Activité 2 Écoutez et choisissez.

_____ en prison
_____ marron
_____ une valise
_____ faire la toilette
_____ un mur
_____ la lumière
_____ de la peinture
_____ une vitre
_____ se dire des injures
_____ une corde à linge
_____ rieur

Activité 3 Écoutez.

Activité 4 Lisez, écoutez et cochez.

1. _____ Il est interdit de faire la cuisine dans sa chambre.
2. _____ Il est interdit d'écouter la radio après neuf heures.
3. _____ Il est interdit de regarder la télévision.
4. _____ Il est interdit de faire du yoga dans les couloirs.
5. _____ Il est interdit de travailler.
6. _____ Il est interdit de sortir en pyjama dans la rue.
7. _____ Il est interdit de boire du vin.
8. _____ Il est interdit de parler.
9. _____ Il est interdit de monter dans les arbres.
10. _____ Il est interdit de jouer aux cartes.

Littérature
Les Misérables

Activité 1 **Écoutez et répétez.**

Activité 2 **Écoutez et choisissez.**

1. a b c
2. a b c
3. a b c
4. a b c
5. a b c
6. a b c
7. a b c
8. a b c
9. a b c

Activité 3 **Écoutez.**

Activité 4 **Lisez, écoutez et cochez.**

	Vrai	Faux
1. Jean Valjean ne savait pas que monseigneur Bienvenu était évêque.	_____	_____
2. L'évêque dit aux gendarmes que Jean Valjean a volé l'argenterie.	_____	_____
3. Jean Valjean a dit aux gendarmes que monseigneur Bienvenu lui avait donné l'argenterie.	_____	_____
4. L'évêque dit aux gendarmes de laisser partir Jean Valjean.	_____	_____
5. Jean Valjean est très content d'être libre.	_____	_____
6. Les deux femmes qui assistent à la scène ne veulent pas lui donner les chandeliers.	_____	_____
7. Jean Valjean refuse de prendre les chandeliers.	_____	_____
8. L'évêque dit à Jean Valjean de revenir.	_____	_____
9. Jean Valjean promet à l'évêque de devenir honnête.	_____	_____
10. L'évêque a acheté l'âme de Jean Valjean.	_____	_____

Littérature
Mignonne, allons voir si la rose

Activité 1 Écoutez et répétez.

Activité 2 Écoutez et choisissez.

1. a   b   c
2. a   b   c
3. a   b   c
4. a   b   c

Activité 3 Écoutez.

Activité 4 Lisez, écoutez et écrivez.

1. À quoi le poète compare-t-il la jeune fille?

   _____

2. Pourquoi le poète dit-il que la nature est «marâtre»?

   _____

3. Que fera la vieillesse?

   _____

4. Quel conseil le poète donne-t-il à la jeune fille?

   _____

   _____

La Mare au diable

Activité 1 Écoutez et répétez.

Activité 2 Écoutez et choisissez.

_____ rire

_____ moins

_____ le calme

_____ content

_____ oser

_____ une larme

_____ divorcer

Activité 3 Écoutez.

Activité 4 Lisez, écoutez et cochez.

	Vrai	Faux
1. Personne n'a demandé à Germain de parler à Marie.	_____	_____
2. Germain croit que Marie ne l'aime pas.	_____	_____
3. Germain croit que Marie a peur de lui.	_____	_____
4. Il lui promet qu'il ne l'embrassera jamais.	_____	_____
5. Marie lui demande de s'en aller.	_____	_____
6. Germain lui demande de regarder ce qui est écrit dans ses yeux.	_____	_____
7. Marie trouve que Germain est beau.	_____	_____
8. Elle lui tend la main.	_____	_____

Littérature
Le Malade imaginaire

Activité 1 **Écoutez et répétez.**

Activité 2 **Écoutez et choisissez.**

  1. a   b   c
  2. a   b   c
  3. a   b   c
  4. a   b   c
  5. a   b   c
  6. a   b   c

Activité 3 **Écoutez.**

Activité 4 **Lisez, écoutez et écrivez.**

  1. Qui est Argan?

  _____

  2. Qui est Toinette?

  _____

  3. En quoi est déguisée Toinette?

  _____

  4. Est-ce qu'Argan sait que Toinette est déguisée?

  _____

  5. Est-ce qu'il répond sérieusement à ses questions?

  _____

  6. Quel est le diagnostic de Toinette?

  _____

Le chandail de hockey

Activité 1   Écoutez et répétez.

Activité 2   Écoutez et choisissez.

	1.	2.	3.	4.	5.	6.
oui						
non						

Activité 3   Écoutez.

Activité 4   Lisez, écoutez et cochez.

		Vrai	Faux
1.	Ils se peignaient comme Maurice Richard.	_____	_____
2.	Ils parlaient comme Maurice Richard.	_____	_____
3.	Ils portaient le même costume que Maurice Richard.	_____	_____
4.	Ils marchaient comme Maurice Richard.	_____	_____
5.	Ils mettaient le ruban gommé sur leur bâton comme Maurice Richard.	_____	_____
6.	Ils portaient tous le numéro 9 de Maurice Richard.	_____	_____

Audio Activities

Littérature
Les aventures de Tintin:
On a marché sur la Lune

Activité 1 Écoutez et répétez.

Activité 2 Écoutez et choisissez.

_____ marcher
_____ la peur
_____ un stylo
_____ un bond
_____ le ciel
_____ parler
_____ dormir
_____ voler

Activité 3 Écoutez.

Activité 4 Lisez, écoutez et cochez.

1. _____ C'est ennuyeux à mourir.
2. _____ Le ciel est tout noir.
3. _____ Il n'y a pas de végétation.
4. _____ Il y a des oiseaux.
5. _____ Il y a des étoiles.
6. _____ Il n'y a que de la glace.
7. _____ Les étoiles ne scintillent pas.
8. _____ La Terre paraît si petite.

Le corbeau et le renard

Activité 1 Écoutez et répétez.

Activité 2 Écoutez et choisissez.

	1.	2.	3.	4.	5.
vrai					
faux					

Activité 3 Écoutez.

Activité 4 Lisez, écoutez et cochez.

	le corbeau	le renard
1. Il est sur la branche d'un arbre.	_____	_____
2. Il a un fromage dans son bec.	_____	_____
3. Il engage la conversation.	_____	_____
4. Il chante.	_____	_____
5. Il part avec le fromage.	_____	_____
6. Il est honteux.	_____	_____

Audio Activities